ulmer

Achim Werner | Jens Dummer

BACKEN
VON DER STEINZEIT BIS INS MITTELALTER

Brot, Gebäck und Kuchen
aus 8000 Jahren

55 Rezepte
vom 5-Steine-Koch

Im Andenken an:

Max Währen

Karl-Otto Dummer

Norbert Werner

Adolf „Addi“ Wecke

Inhalt

Wes Brot ich aß,
des Lied ich sang –
war froh, dass man's mir gab.
Und sang bisweilen kläglich,
bekam es doch nicht täglich.

Heut sing ich nicht,
jetzt drücke ich
den Knopf am Automat.
Und wenn es mir nicht schmeckt –
werfe ich es weg.

Vom Fladen bis zum Gugelhupf – (Prä)historisches Bäckerhandwerk

In vielen Ländern der Welt sind Getreideprodukte wie Brot und andere Backwaren ein wichtiger Bestandteil der täglichen Ernährung. Sie waren und sind ein verbindendes Element zwischen unterschiedlichen Kulturen, völlig unabhängig von den jeweiligen Religionen oder Glaubensvorstellungen.

Gleichzeitig führte und führt der Kampf um das „tägliche Brot" häufig zu Hungersnöten, Krisen und Kriegen; schon lange spekulieren skrupellose Konzerne weltweit an den Börsen mit Grundnahrungsmitteln. Nach dem Motto „Wes Brot ich ess, des Lied ich sing" werden diese kriminellen Machenschaften von gewissenlosen Politikern, deren Wählern sowie von Lobbyisten internationaler Banken und Lebensmittelproduzenten unterstützt. Die altrömische Strategie „panem et circenses" (Brot und Spiele) funktioniert immer noch. Der ehemalige Leiter des Deutschen Brotmuseums Ulm, Dr. Hermann Eiselen, hat es auf den Punkt gebracht: „Die Geschichte des Brotes ist ein Stück Menschheitsgeschichte, zu der seit eh und je auch der Hunger als ständige Bedrohung der menschlichen Existenz gehört." (EISELEN 1995).

Die Ursprünge

Archäologische Funde und Befunde belegen, dass in Europa seit etwa 8.000 Jahren unterschiedliche Getreidearten angebaut und zu Brei, Bier, Brot oder Gebäck verarbeitet wurden. Zu Beginn der mitteleuropäischen Jungsteinzeit (Neolithikum) im 6. Jahrtausend v. Chr. änderten die Menschen ihre bisherige Lebensweise, aus umherschweifenden Jägern und Sammlern wurden dauerhaft sesshafte Ackerbauern und Viehzüchter. Dieser Wandel von einer aneignenden zu

Backen eines sogenannten Napfbrotes auf erhitztem Flussgeröll

Backen von Fladen auf Backteller in der Glut

einer produzierenden Wirtschaftsweise wird wissenschaftlich als „Neolithische Revolution“ bezeichnet (SCHARL 2015).

Es waren Migranten aus dem Vorderen Orient, die ihre Kenntnisse von Ackerbau und Viehzucht nach Europa brachten. In ihrem Herkunftsgebiet, das als „Fruchtbarer Halbmond“ bezeichnet wird und Regionen in der heutigen südöstlichen Türkei, Syrien, Irak, Iran, Libanon und Israel umfasst, entwickelten sie vor mehr als 12.000 Jahren nicht nur die Grundlagen der Landwirtschaft, sondern auch völlig neue Technologien, z.B. Öfen zur Herstellung von Backwaren oder feuerfester Keramikgefäße (SCHYLE 2015).

Die Quellen

Bei unserer Spurensuche zur Entwicklungsgeschichte von Brot und Backwaren haben wir traditionelle und moderne Forschungsmethoden angewandt sowie unterschiedliche Quellengattungen genutzt.

An erster Stelle stand die Auswertung und Interpretation von Funden und Befunden, die bei archäologischen Ausgrabungen entdeckt wurden und in unmittelbarem Zusammenhang mit der Verarbeitung von Getreide und mit der Backwarenproduktion stehen. Hierzu gehören Geräte wie Sicheln und Einschießer, Mahlsteine, Siebgefäße oder technische Einrichtungen, z.B. Getreidedarren und Backöfen. In Einzelfällen, also bei besonders günstigen Bodenverhältnissen wie in Feuchtbodensiedlungen, haben sich auch Reste von Brot und Gebäck

erhalten. Der Schweizer Brotforscher Max Währen (1919–2008) hat sich in jahrzehntelanger akribischer Arbeit mit derartigen Funden beschäftigt und sich auf diesem Gebiet große Verdienste erworben, die durch das Brotmuseum Ulm in einem Kompendium seiner Fachbeiträge gewürdigt wurden (EISELEN 2000). Seinen Analysen und Backversuchen verdanken wir wesentliche Erkenntnisse zur Zusammensetzung (prä)historischer Backwaren und zu deren Herstellung. Er konnte nachweisen, dass es in Mitteleuropa während des Neolithikums neben Fladen und Napfbrot bereits auch hochlaibiges Brot, Feingebäck und Patisserie gab. Damit sind gängige Lehrmeinungen, wie sie leider immer noch in Lexika oder Geschichts-/Schulbüchern vertreten sind mit der Behauptung, die Backkunst habe ihren Ursprung im „Alten Ägypten", eindeutig widerlegt. Es waren vor allem die Resultate der Währen'schen Forschung, kombiniert mit eigenen Versuchen, die es uns ermöglichten, Backrezepte aus den Epochen von der Jungsteinzeit bis zum Spätmittelalter zu rekonstruieren bzw. authentisch nachzuempfinden.[1]

Weitere Erkenntnisse, vor allem zu den damals verwendeten Getreidearten, liefert die Archäobotanik. Als Teildisziplin der Archäobiologie untersucht die Archäobotanik pflanzliche Makroreste wie z. B. Holzkohlen, Samen, Früchte und Blätter sowie Mikroreste von Pflanzen wie Pollen und Sporen. Die Untersuchungsergebnisse ermöglichen nicht nur Rückschlüsse auf die damaligen Umweltbedingungen, sie liefern auch wichtige Informationen z. B. hinsichtlich der Holzarten, die zum Betrieb von Backöfen verwendet wurden.

Seit römischer Zeit gibt es auch schriftliche Überlieferungen und bildliche Darstellungen, die Auskunft über das Bäckereiwesen geben. Diese Quellen sind sicherlich sehr hilfreich, müssen aber kritisch geprüft und mit archäologischen Funden und Befunden abgeglichen werden.

Dies gilt auch für Vergleiche aus den Bereichen Völkerkunde (Ethnologie) und Volkskunde, weil die „Berichterstatter" häufig sehr subjektiv, d. h. ohne Erfahrung bzw. technische Kenntnisse Abläufe wie Backofenbau, Teigzubereitung und Backen darstellen und veröffentlichen.

Letztlich bleibt anzumerken, dass jede Quelle und eine daraus entwickelte Hypothese einer kritischen Überprüfung bedarf. Die seit den 1990er-Jahren auch in Deutschland anerkannte Experimentelle Archäologie kann entscheidend dazu beitragen (WEINER 1991). Allerdings muss hierbei berücksichtigt werden, dass unter kontrollierten Bedingungen durchgeführte archäologische Experimente eine wissenschaftliche Hypothese bestenfalls widerlegen, niemals aber verifizieren können. Zu unserem großen Bedauern treten seit geraumer Zeit in diesem Bereich vermehrt selbsternannte „Experimentalarchäologen“ ohne jegliche Fachausbildung auf und schädigen mit ihren unseriösen pseudowissenschaftlichen Veröffentlichungen und Auftritten bei Museumsveranstaltungen massiv den Ruf dieses Wissenschaftszweiges (SCHMIDT 2000).

Die Öfen

Jungsteinzeit bis keltische Zeit

Die bislang ältesten, in Europa archäologisch nachgewiesenen Backöfen werden der sogenannten Bandkeramik zugeordnet, also einer neolithischen Kultur, deren Beginn in das 6. Jahrtausend v. Chr. datiert wird. Dabei handelt es sich um sogenannte Einkammeröfen, d.h. Feuerungs- und Backraum waren nicht voneinander getrennt (PETRASCH 1986). Grundsätzlich unterscheidet man zwischen zwei Formen: unterirdisch angelegten Grubenbacköfen und oberirdisch, meist innerhalb von Häusern gebauten Kuppelbacköfen aus einem Holzrutengeflecht, das innen und außen mit einer Mischung aus Lehm, Wasser und unterschiedlichen Magerungsmitteln wie gehäckseltem Stroh, Kuhdung u.ä. verkleidet war (REINERTH 1929; SCHMIDT 1945; PARET 1955; ZÜRN 1965; BENAC 1973; GEORGIEV 1973). Leider gibt es nur wenige Fundplätze, an denen die damalige Oberfläche erhalten ist. Dementsprechend selten sind also neolithische „Laufhorizonte“ mit Befunden von oberirdischen Kuppelbacköfen (NIKOLOV 1989). Bedingt durch Erosionsverluste sind auch jungsteinzeitliche Grubenbacköfen nur in ihren unteren Bereichen erhalten und somit oft schwer als Backöfen zu identifizieren.

Interessant sind Funde von Haus- und Backofenmodellen aus gebranntem Ton, die bei Ausgrabungen in Siedlungen unterschiedlicher, meist südosteuropäischer neolithischer Kulturen gefunden wurden. Anhand dieser Modelle können (bedingt) Rückschlüsse auf Größenverhältnisse und Abmessungen dieser Öfen und ihre Lage innerhalb der Häuser gezogen werden.

Im Rahmen meiner Magisterarbeit am Institut für Ur- und Frühgeschichte der Universität Köln habe ich (Achim Werner: „Experimentelle Untersuchungen zur Rekonstruktion neolithischer Kuppelbacköfen", Köln 1986) mich mit Unterstützung von Prof. Jens Lüning mit diesem Thema beschäftigt und in Zusammenarbeit u.a. mit Jens Dummer entsprechende Rekonstruktionsversuche durchgeführt und deren Resultate in der Fachliteratur veröffentlicht (WERNER 1987; ders. 1988; ders. 1990).

Grubenbacköfen

Als Grubenbacköfen werden Backöfen bezeichnet, die als kuppelartige Hohlform aus der senkrechten Wand einer ca. 2 m tiefen Arbeitsgrube im anstehenden Boden, meist Löß oder Lößlehm ausgehöhlt wurden. Die Öfen waren bei einem u-förmigen Grundriss durchschnittlich etwa 1 m lang, bis zu 1 m breit und ursprünglich 50–60 cm hoch. Verursacht durch Erosion sind meistens nur noch die Bodenplatten und Ansätze der aufgehenden Wandung erhalten, sie zeichnen sich durch starke, orangerote Verziegelung deutlich vom anstehenden Boden ab. In einigen Fällen konnten unter den Bodenplatten, also der Feuerungs- und Backfläche, Kieslagen oder Steinpackungen festgestellt werden, die wohl als Hitzespeicher dienten. Alle bislang entdeckten Grubenbacköfen datieren ausnahmslos in die Bandkeramik, also in den ersten Abschnitt der Jungsteinzeit (6. Jahrtausend v. Chr.). Gut dokumentierte Ofenbefunde stammen u.a. von Fundplätzen aus dem Rheinischen Braunkohlerevier (LÜNING 2004), aus Bayern (PETRASCH 1986; PFAFFINGER u. PLEYER 1990; PFAFFINGER 1997), Hessen (LÜNING 2005), Sachsen-Anhalt (KAUFMANN u. HEEGE 1991) und dem Elsaß (JEUNESSE 1993). Die Öfen lagen einzeln innerhalb der Siedlungen, aber außerhalb der Häuser im Freien. Eine Besonderheit stellen die Grubenbacköfen vom bandkeramischen Fundplatz Bylany in Tschechien dar (SOUDSKY 1962 u. 1966). Dort waren in der Wandung jeweils einer Arbeitsgrube mehrere unterirdische Backöfen angelegt, die zeitgleich datieren. Derartige „Ofenbatterien" legen den Schluss nahe, dass damit sehr große Mengen von Brot oder Gebäck produziert wurden und es sich um Gemeinschaftseinrichtungen für eine Siedlung oder bereits um Gewerbebetriebe handelte.

Experimente mit rekonstruierten Grubenöfen belegen, dass diese hervorragend als Backöfen geeignet sind. Abhängig von der Witterung und den Außentemperaturen mussten die Öfen etwa ein bis zwei Stunden mit Brennholz angeheizt werden. Anschließend wurde die Glut entfernt, die Bodenplat-

Anheizen eines rekonstruierten Grubenbackofens (Hambacher Forst)

Backversuch in rekonstruiertem Grubenbackofen (Hambacher Forst)

te von Ascheresten gesäubert, die Brote wurden eingeschossen und der Ofen wurde mit einer zuvor gewässerten Klappe aus Holz und nassen Tüchern verschlossen. Bei einer Beschickung mit sechs Broten von je 500 g Gewicht dauerte ein Backvorgang durchschnittlich 60 Minuten. Hierbei erfolgte das Backen ausschließlich durch Abstrahlung der beim Anheizen im Boden und in der Wandung des Ofens gespeicherten Hitze, die im Verlauf des Backprozesses stetig abnahm („fallende Hitze").

Kuppelbacköfen

Das Prinzip des oberirdischen Einkammerofens wurde vom Neolithikum bis ins Hoch- und Spätmittelalter, in manchen Kulturen, z.B. in Südosteuropa, bis in die Neuzeit genutzt. Unterschiede gibt es lediglich hinsichtlich der Formen, Abmessungen und der verwendeten Baumaterialien. Deshalb beschreiben wir exemplarisch im Folgenden den Rekonstruktionsversuch und die experimentalarchäologische Nutzung eines neolithischen Kuppelbackofens, der 1987 auf einem Gelände des Rheinischen Amtes für Bodendenkmalpflege (Außenstelle Hambach) von Achim Werner gebaut wurde.

Grundlage der Rekonstruktion waren Befunde aus den südwestdeutschen Fundstellen Aichbühl, Riedschachen, Taubried und Ehrenstein (REINERTH 1929;

PARET 1955; ZÜRN 1965). Bei den Fundplätzen handelt es sich um jungneolithische Feuchtbodensiedlungen aus der Zeit um 4.400 bis 3.500 v. Chr.. Die dort gefundenen Backöfen lagen innerhalb der Häuser und wiesen einen rechteckigen oder u-förmigen Grundriss auf. Erhalten waren Strukturen aus gebranntem Lehm mit Abmessungen zwischen 80 × 90 cm und 120 × 170 cm, die zum Teil von dünnen Pfostenspuren umkränzt waren. An beiden Längs- und einer Schmalseite wurden die Befunde von 20–30 cm starken, maximal noch bis 25 cm hoch erhaltenen Lehmwänden umgeben, die ebenfalls stark verziegelt waren und Spuren einer Magerung mit gehäckseltem Stroh sowie Abdrücke von Rutenflechtwerk aufwiesen. In einigen Fällen befand sich unter der verziegelten Bodenplatte eine Lage aus Geröllen, Steinplatten und/oder Birkenrinde. Seitlich neben der Ofenmündung wurden häufig kleinere, teils muldenförmige, gebrannte Lehmplatten entdeckt, auf denen vermutlich die ausgeräumte Glut gelagert oder der Brotteig in einem Gefäß warm gehalten wurde.

Nachbau eines Kuppelbackofens im Pfahlbaumuseum Unteruhldingen

Für den Rekonstruktionsversuch wurde zunächst eine ebene Standfläche von ca. 2 × 2 m angelegt. Danach wurden 15 Haselpflöcke mit einer Länge von 60 cm und einer durchschnittlichen Stärke von 4 cm an einem Ende angespitzt und 20 cm tief in den Boden geschlagen, sodass sie in 20–25 cm Abstand voneinander stehend ein Halboval von 120 cm Länge und maximal 80 cm Breite bildeten. Die beiden vorderen Pföstchen ergaben, in die Mündung des u-förmigen Grundrisses nach innen versetzt, den Ofenmund. Als Nächstes wurden zwischen die senkrechten Pflöcke etwa 80 dünne Haselruten von durchschnittlich 120 cm Länge geflochten. Die sich überlagernden Ruten wurden so geflochten, dass sie sich zwischen den Pflöcken überkreuzten. Auf diese Art entstand eine Flechtwerkwandung von 40 cm Höhe. Für das Kuppelgerüst wurden sieben Querbögen mit einer Stärke von 2–3 cm über das Wandungsgeflecht gespannt. Die Enden dieser Querbögen wurden jeweils hinter den senkrechten Pflöcken vor die Überkreuzungsstellen des Wandgeflechtes gesteckt. Die Höhe der Bögen wurde so gewählt, dass sie bis zum hinteren Drittel des Ofens gleichmäßig anstieg und danach stark abfiel. Diese Form der Kuppel ist zwingend erforderlich, um beim späteren Betrieb eine günstige Thermodynamik zu erreichen, die ausschlaggebend für die einwandfreie Funktion als Backofen ist.

Zur Verstärkung der Kuppel wurden ca. 100 dünne Haselruten von 80–140 cm Länge in Längsrichtung des Ofens mit den Querbögen verflochten. Für

Haselpflöcke für Ofenwandung (Hambach)

Wandgeflecht aus dünnen Haselruten (Hambach)

die äußere Ummantelung des Flechtwerks wurde eine Mischung aus vor Ort anstehendem Lößlehm, Kuhdung, gehäckseltem Stroh und Wasser in einer flachen Grube neben dem Ofen so lange mit den Füßen gestampft und geknetet, bis eine klebrig-zähe Konsistenz erreicht war. Diese Masse wurde in einer Stärke von ca. 20 cm außen auf das Geflecht aufgetragen, wobei Lage auf Lage um den Ofen geschichtet und verstrichen wurde. Auf gleiche Weise wurde der ca. 5 cm starke Innenverputz angebracht, was sich aufgrund der beengten Verhältnisse im Ofeninneren allerdings problematisch gestaltete. Als letzter Arbeitsgang wurde der Boden des Ofens, also die spätere Feuerungs- und Backfläche, mit einem 5 cm dicken Estrich aus ungemagertem Lehm ausgekleidet. Anschließend musste der Ofen gut vier Wochen lang trocknen, die durch Verdunstung des Wassers entstandenen Trockenrisse wurden wiederholt mit feuchtem Lehm und Kuhdung verschmiert. Im Anschluss an die Trockenphase wurde der Ofen über mehrere Stunden vorsichtig befeuert, zunächst mit Reisig, dann mit dünnem Knüppelholz und schließlich mit stärkeren Holzscheiten. Auf diese Art wurde die Temperatur so lange kontinuierlich gesteigert, bis der Ofenmantel verziegelt und somit gefestigt war.

Vor dem Backen musste der Teig zubereitet und der Ofen etwa eine Stunde lang angeheizt werden. Als besonders geeignet erwiesen sich Holzscheite von Birke und Buche mit Längen von 30–50 cm und Stärken von 6–10 cm. Diese Scheite wurden im Inneren des Backofens gitterförmig aufgeschichtet, die Zwischenräume der Gitterschichtung wurden mit Reisig und Schwachholz

Querbögen für das Kuppelgeflecht (Hambach)

Außen- und Innenverputz des Ofens (Hambach)

aufgefüllt. Nach dem Anzünden des Holzstapels stiegen die Flammen und heißen Gase zum Scheitelpunkt der Kuppel und stauten sich dort. Durch diesen Hitzestau entstand ein Überdruck, der die Flammen an der Kuppeldecke entlang nach vorn zur Ofenöffnung herauspresste. Gleichzeitig erzeugte dieser Überdruck einen Unterdruck im Bereich des Brennmaterials, sodass durch den Ofenmund Sauerstoff angesaugt wurde. Durch die Krümmung der Ofenkuppel bildete sich so ein thermodynamischer Kreislauf, der eine zweite, kaminartige Abzugsöffnung, wie sie von einigen Archäologen rekonstruiert wurde, überflüssig machte. Im Verlauf des Anheizens musste mehrfach Holz nachgelegt werden, der durchschnittliche Verbrauch betrug etwa 18 kg abgelagertes Brennholz. Sobald der Ofen, in der Regel nach etwa einer Stunde, ausreichend Hitze gespeichert hatte, konnten die Glutreste mit einem Feuerrechen entfernt, neben dem Ofen gelagert und abgelöscht werden. Die Backfläche wurde mit einer „Bäckerfahne", also einem nassen Lappen, der am Ende eines langen Holzstiels befestigt war, von Ascheresten gereinigt. Da der rekonstruierte Kuppelbackofen, im Gegensatz zu modernen Backöfen, in denen bei konstanten Temperaturen von 220–240 °C gebacken wird, die Temperatur nicht halten konnte und die gespeicherte Hitze stetig abnahm, musste die Temperatur am Beginn des Backprozesses sehr hoch liegen. Durch die Experimente ließ sich nachweisen, dass die ideale Temperatur zum Einschießen der Brote bei etwa 350 °C lag. Um eine gute Kruste zu erhalten, wurden die Brotlaibe an der Oberfläche mit Wasser abgestrichen und über Kreuz eingeschnitten. Danach wurden sie mit einem

Anheizen eines rekonstruierten Kuppelbackofens (Hambach)

Säubern der Backfläche von Ascheresten (Hambach)

hölzernen Einschießer in den Ofen geschoben und die Ofenöffnung wurde mit einer zuvor gut gewässerten Holzklappe verschlossen. Die Ritzen zwischen der Klappe und dem Ofenmund wurden mit nassen Tüchern abgedichtet, um Hitzeverluste zu vermeiden. Der eigentliche Backvorgang dauerte je nach Größe der Teiglinge 40–60 Minuten. Am effektivsten erwiesen sich Brote von jeweils 1,5 kg Gewicht, von denen bis zu acht Stück gleichzeitig im Ofen Platz fanden. Nach Ablauf des Backprozesses wurde der Ofen geöffnet und die fertigen Brote wurden mit dem Einschießer herausgeholt. Bei sachgemäßer Lagerung waren sie ohne Konservierungsstoffe 10–14 Tage haltbar und, wie die große Resonanz bei öffentlichen Backvorführungen gezeigt hat, auch für den heutigen Menschen sehr schmackhaft und problemlos zu genießen.

Während der Jungsteinzeit und Kupferzeit standen in Mitteleuropa nur Emmer, Einkorn, Weizen, Gerste und Hirse für die Herstellung von Brot und Backwaren zur Verfügung, in der Bronzezeit kamen Dinkel und Hafer sowie in keltischer Zeit der Roggen hinzu.

Seit der mittleren Bronzezeit und während der anschließenden keltischen Zeit veränderten sich die Grundrissformen der Backöfen. Nach wie vor gab es rechteckige oder u-förmige Öfen; vermehrt wurden aber runde Kuppelbacköfen gebaut. Gut erhaltene bronzezeitliche Befunde sind aus der Schweiz von den Fundplätzen Kestenberg und Crestaulta (BURKART 1946) und aus Deutschland u.a. von Perleberg (BOHM 1937), Osterburg-Zedau (HORST 1985) und Neu-Ulm (PRESSMAR 1979) bekannt. Der Backofenbefund aus der spätbronzezeitlichen Siedlung El-

Ausschießen der fertigen Brote (Hambach)

Anheizen eines nachgebauten keltischen Backofens (Jülich)

chinger Kreuz bei Neu-Ulm diente als Rekonstruktionsgrundlage und wurde für Backversuche im Archäologischen Zentrum Hitzacker genutzt (ADAMECK et al. 1990). Bemerkenswert ist die Lage der Öfen von Perleberg und Osterburg-Zedau, die sich frei stehend (sogenannte Feldbacköfen) im Siedlungszentrum auf einer Art „Dorfplatz" befanden; es könnte sich evtl. um gemeinschaftlich genutzte Dorfbacköfen handeln.

Die keltischen Backöfen unterschieden sich weder in Form, Aufbau und verwendeten Baumaterialien noch in der Bedienung von ihren bronzezeitlichen Vorgängern. Einen bislang allerdings singulären Befund für die keltische Zeit stellt die Anlage eines Doppelbackofens mit u-förmigen Grundrissen dar, die bei Ausgrabung des sogenannten Herrenhauses auf der Heuneburg entdeckt wurde (KIMMIG 1983).

Römische Zeit bis Spätmittelalter

In römischer Zeit kam es zu einigen grundlegenden Veränderungen im Backereiwesen. In Militärlagern, Zivilsiedlungen und Städten wurden regelrechte Bäckereibetriebe eingerichtet, um den ständig steigenden Bedarf an Brot und Backwaren zu decken. Die Landbevölkerung nutzte weiterhin private Einzelbacköfen, die sich meist innerhalb der Häuser im Küchenbereich, aber auch im Außenbereich befanden.

Rekonstruierter römischer Backofen im Europäischen Brotmuseum Ebergötzen

Rekonstruierte Backöfen im Römerkastell Saalburg

Römische Backöfen wiesen meist einen runden Grundriss auf, es sind aber auch rechteckige, tonnenförmige Öfen nachgewiesen. In der Regel waren die Öfen auf quadratischen bzw. rechteckigen Sockeln errichtet, die aus Bruchstein oder Ziegeln gemauert waren. Die Ofenkuppeln bestanden aus Ziegeln, die in Lehm oder Mörtel gesetzt und innen und außen mit Lehm oder Mörtel verputzt waren. Durch die erhöhte Position auf einem Sockel waren die römischen Öfen wesentlich komfortabler zu bedienen als die älteren Modelle (RÖMERMUSEUM AUGST 1982).

Im Gegensatz zu den vorangegangenen prähistorischen Epochen stehen ab römischer Zeit auch Schriftquellen zur Verfügung. So liefern Berichte antiker Schriftsteller wie z.B. Plinius vielfältige Informationen zum Bäckereiwesen. Hinzu kommen bildliche Darstellungen auf Wandmalereien, Mosaiken oder Grabmälern. Am bekanntesten dürfte das Grabmal des Großbäckers Eurysaces an der Porta Maggiore in Rom sein, das etwa aus dem Jahr 30 v. Chr. stammt. Auf einem Fries dieses imposanten, sehr kostenaufwendigen Grabbaues sind detailliert die einzelnen Arbeitsschritte der Brotherstellung dargestellt (MOLLENHAUER 1974).

Zeitgenössische Schriftquellen belegen, dass schon die römerzeitlichen Bäcker sich in berufsständischen Vereinigungen zusammenschlossen; eine derartige Vereinigung wurde bereits im Jahr 168 v. Chr. als „collegium pistorum“ in Rom gegründet.

Nach dem Untergang des römischen Imperiums kam es in vielen Bereichen zu massiven Rückschritten. Davon war auch das Bäckereigewerbe betroffen, das während des Frühmittelalters nicht mehr so strukturiert und gut organisiert war. An Form, Bauweise und Bedienung der Backöfen änderte sich nichts. In den Küchen von Klöstern, Burgen und Kaiserpfalzen gab es Backöfen, die entweder vollständig gemauert waren oder aus gemauerten Sockeln mit Lehmkuppeln bestanden. Die Dorfbevölkerung nutzte Gemeinschaftsbacköfen in Backhäusern, die in der Regel den Grundherren gehörten, die dafür entsprechende Abgaben erhoben. In den Städten übernahmen gewerbsmäßige Bäcker die Versorgung mit Brot und Backwaren, private Backöfen waren wegen der Brandgefahr verboten. Die Backwarenherstellung wurde durch die Stadtobrigkeit streng reglementiert, gleichzeitig genossen die Bäcker aber auch einige Privilegien und konnten es zu Wohlstand und hohem sozialen Ansehen bringen. Ab dem ausgehenden 12. Jahrhundert schlossen die Bäcker sich in Zünften zusammen, die ihre Interessen gegenüber der Obrigkeit vertraten und den Wettbewerb untereinander regelten. Gleichzeitig kam es zu einer zunehmenden Spezialisierung und Differenzierung des Bäckerhandwerks, die wiederum zur Gründung weiterer Zünfte und Innungen führte.

Gegen Ende des Spätmittelalters wurden in den Gewerbebetrieben neue Backöfen entwickelt, bei denen der Backraum durch eine Bodenplatte vom darunterliegenden Feuerungsraum getrennt war (sogenannte Zweikammeröfen). Dieser Ofentyp erleichterte die Bedienung, ermöglichte eine wesentlich bessere Temperatursteuerung und damit die Herstellung aufwendigerer Backwaren.

Abschließend möchten wir noch eine besondere Form von Backöfen erwähnen: Während des Konzils von Konstanz (1414–1418) kamen ortsfremde Wanderbäcker, vermutlich aus Oberitalien stammend, in die Stadt (KLÖCKLER 2013). In fahrbaren, von Knechten gezogenen Backöfen stellten sie herzförmige Brezeln, Pasteten und eine Art Pizza her und boten diese Backwaren den Konzilsbesuchern zum Verkauf an (s. S. 138 u. S. 140).

Anmerkung

1 Hier eine Auswahl von Orten, an denen Reste von prähistorischem Brot und Gebäck bei Ausgrabungen gefunden und teilweise von Max Währen untersucht wurden:
Jungsteinzeit:
Gletterens (CH), Köln-Lindenthal (D), Montmirail (CH), Muntelier (CH), Portalban (CH), Robenhausen (CH), Stuttgart-Zuffenhausen (D), Thielle-Mottaz (CH), Twann (CH), Zürich-Alpenquai (CH).
Bronzezeit und keltische Zeit:
Bellenberg (D), Corcelettes (CH), Heek (D), Lenzersilge (D), Mondsee (A), Ouroux (F), Ovelgönne (D), Quedlinburg (D), Rhede-Mesum (D), Rheine (D), Telgte-Raestrup (D), Wederath-Belginum (D).
Anzumerken ist, dass die neolithischen Funde mit Ausnahme von Köln-Lindenthal und Stuttgart-Zuffenhausen aus Abfallschichten sogenannter Pfahlbausiedlungen stammen, die bronzezeitlichen und keltischen Funde aber vorwiegend aus Brandbestattungen und somit als Grabbeigaben zu deuten sind.

Sieben, Wiegen, Kneten – Tipps und Tricks für erfolgreiches Backen

Die von uns entwickelten Backrezepte basieren auf aktuellen Forschungsergebnissen der Archäologie und verschiedener Naturwissenschaften, frühen schriftlichen Überlieferungen, Beispielen aus der Volks- und Völkerkunde sowie eigenen praktischen Erfahrungen.

Besonderen Wert haben wir darauf gelegt, ausschließlich Zutaten zu verwenden, die in der jeweiligen Epoche nachweislich verfügbar waren; dies gilt natürlich auch für die entsprechenden technologischen Möglichkeiten der damaligen Zeit.

Unter Berücksichtigung dieser Aspekte haben wir unsere Rezepte so gestaltet, dass sie auch mit heutigen Gerätschaften möglichst einfach umsetzbar sind. In diesem Sinne weisen wir z.B. bei schwierig zu beschaffenden Zutaten oder Utensilien auf geeignete Alternativen hin.

Die Rezepttexte sind bewusst im „Telegrammstil“ verfasst, Fachbegriffe werden im Kapitel „Glossar“ erklärt.

Mit den folgenden Tipps und Tricks aus unserem Erfahrungsschatz möchten wir unseren Leserinnen und Lesern einige Anleitungen und Hinweise geben, um das Nachbacken unserer Rezeptvorschläge zu erleichtern.

Als zeitgemäße Grundausstattung empfehlen wir ein feines Mehlsieb, verschiedene Teigschüsseln aus Plastik oder Edelstahl (mit Deckel), Holzlöffel, Teigschaber („Schlesinger“), eine Teigrolle, Küchenmesser, Teigpinsel, eine Digitalwaage (bis 2 kg), einen Messbecher, Küchentimer, Küchenthermometer, Abdecktücher, Backpapier, Alu- und Frischhaltefolie sowie Abkühlroste; hilfreich sind auch Handrührgeräte und Küchenmaschinen mit Knetfunktion.

Wie beim Kochen ist auch beim Backen Hygiene und Sauberkeit oberstes Gebot; im Vergleich zu Kochen oder Grillen ist Backen komplizierter. Die Menge an

Alte Bäckereigerätschaften

Zutaten muss genauer bemessen bzw. abgewogen werden, Temperatur, Ruhe- und Backzeit müssen gut kontrolliert und eingehalten werden. Eine überwürzte Speise lässt sich häufig noch retten, bei einem versalzenen Teig ist dies schon schwieriger. Sobald das Backgut im Ofen ist, gibt es kaum noch Möglichkeiten, das Ergebnis positiv zu beeinflussen.

Besonders wichtig für eine erfolgreiche Herstellung und Verarbeitung von Teigen ist die Umgebungstemperatur, die idealerweise 22–24 °C betragen sollte; unbedingt zu vermeiden ist kalte Zugluft. Auch die Zutaten sollten diese Temperatur aufweisen, abgesehen von Ausnahmen, auf die wir in den Rezepten ausdrücklich hinweisen. Wasser und andere Schüttflüssigkeiten müssen in der Regel „handwarm“ (ca. 35 °C), Butter oder Honig ganz weich bzw. flüssig sein.

Vollkornmehl muss vor der Verarbeitung unbedingt gesiebt werden, um es zu lockern, von evtl. vorhandenen Verunreinigungen zu befreien, Klumpenbildung zu vermeiden und es insgesamt „luftiger“ zu machen. Danach können weitere

Kneten eines Hefeteiges

Zutaten untergemischt werden, wobei Salz erst zum Schluss zugegeben werden sollte. Die Salzmenge ist abhängig vom individuellen Geschmacksempfinden, wir geben in den meisten unserer Rezepte einen gestrichenen Esslöffel (EL) auf 500 g Mehl; dieses Mischungsverhältnis entspricht unserem Geschmack, ist also nicht zwingend, sondern kann nach Gusto variiert werden.

Bei Hefeteigen verwenden wir ausschließlich frische Backhefe, die entweder zerbröckelt direkt in die Mehlmischung gegeben oder zuvor in einem Teil der warmen Schüttflüssigkeit aufgelöst wird. Für 500 g Mehl nehmen wir in der Regel einen handelsüblichen Würfel Frischhefe (42 g). Durch Ansetzen eines Vorteigs und bei wesentlich längerer Teigruhe (Reifezeit) kann die Hefemenge je nach Geschmack deutlich reduziert werden. Das Zugeben der Schüttflüssigkeit sollte vorsichtig unter ständigem Rühren und Kneten erfolgen, damit der Teig nicht zu flüssig wird, hier gilt: „Versuch macht klug". Im Notfall hilft es, den Teig wieder mit zusätzlichem Mehl anzudicken. Wichtig ist auf jeden Fall, den Teig so lange kräftig zu kneten, bis er sich glatt und ohne Reste vom Schüsselrand löst. Dies bedeutet häufig anstrengende und bei schweren Teigen bis zu 30 Minuten andauernde körperliche Arbeit, die man sich durch den Einsatz einer entsprechenden Küchenmaschine erleichtern kann.

Viele unserer Rezepte basieren auf Sauerteig, hier eine einfache Zubereitung: 100 g Vollkornmehl und 100 ml Wasser mischen, in zugedeckter Schüssel 24 Stunden warm stellen, dann 50 g Vollkornmehl und 50 ml Wasser einrühren, weitere 12 Stunden warm stellen, wieder 50 g Vollkornmehl und 50 ml Wasser dazugeben, nochmal 12 Stunden warm stellen. Danach ist der Sauerteigansatz gebrauchsfertig und kann dem jeweiligen Rezept entsprechend eingesetzt werden. Sauerteigreste sind getrocknet, gekühlt oder tiefgefroren lange haltbar und lassen sich einfach zu einem neuen Ansatz verarbeiten. Alternativ kann man auch Fertigsauer aus dem Reformhaus verwenden oder die benötigte Menge frischen Sauerteig in einer guten Bäckerei kaufen.

Grundsätzlich gilt: Ein guter Teig braucht seine Zeit. Je nach Art und Zusammensetzung sind für die Teigruhe mehrere Stunden erforderlich, um die gewünschte Konsistenz, Reife und Entwicklung der Aromen zu erreichen. Hierzu wird der Teig in einer geschlossenen Schüssel an einem warmen Ort gelagert; allerdings gibt es auch Teigsorten, z.B. Plätzchenteige, die gekühlt werden müssen.

Im Anschluss an die Teigruhe wird der Teig meistens auf einer dünn mit Mehl bestäubten Arbeitsfläche kräftig durchgeknetet, je nach Verwendungszweck dünn ausgerollt und mit Formen für Plätzchen/Kekse ausgestochen oder durch Abwiegen in gleich große Stücke portioniert und zu Fladen, Brotlaiben oder Gebäck geformt. Die so entstandenen Teiglinge werden auf ein gefettetes oder mit Backpapier ausgelegtes Backblech gelegt, mit einem Tuch abgedeckt und zur sogenannten Stückgare für einige Zeit bei ca. 25 °C warm gestellt. Eine Ausnahme bilden Blechkuchen, die wie eine Pizza direkt auf einem Backblech ausgerollt, mit Früchten oder anderen Zutaten belegt und sofort gebacken werden.

Die Krustenbildung (Maillard-Reaktion), besonders bei Brot oder Brötchen, kann durch Einstreichen der Teigstücke auf der Oberseite mit Wasser, Eigelb, Honig o.ä. beeinflusst werden, ebenso durch leichte Schnitte oder Einstiche („Stippen“) mit einem Messer. Sollen beide Methoden angewandt werden, muss zuerst das Abstreichen erfolgen und danach das Schneiden bzw. Stippen. Eine weitere Möglichkeit zur Krustengestaltung besteht darin, die Teiglinge vor dem Backen mit Mehl zu bestäuben oder mit Körnern bzw. Gewürzen zu bestreuen.

Unterschiedliche Krustengestaltung

Der Backofen muss gut vorgeheizt sein, wir backen ausnahmslos mit Ober- und Unterhitze, weil diese Methode in etwa vergleichbar mit der Wärmeübertragung in Öfen alter Bauart ist. Bei (prä)historischen Backöfen, die mit Holz befeuert wurden, lag die Einschießtemperatur sehr hoch (z.T. bis 350 °C), weil diese Öfen keine konstante Temperatur halten konnten und deshalb bei „fallender Hitze“ gebacken wurde. Die von uns angegebenen Temperaturen und Backzeiten sind Annäherungswerte, die mit einem modernen Elektroherd ermittelt wurden. Je nach Gerät kann die Temperaturleistung erheblich variieren, deshalb raten wir dazu, den Backvorgang ständig zu beobachten und eigene Erfahrungswerte zu sammeln. Bei Kuchen und Gebäck lässt sich der richtige Garpunkt feststellen, indem man mit einem Holzspießchen hineinsticht: Sobald keine Teigreste an dem Spießchen kleben bleiben, ist das Backstück fertig. Die Garprobe bei Brot besteht darin, mit der flachen Hand auf die Unterseite zu klopfen; entsteht hierbei ein dumpfes, hohl klingendes Geräusch, ist das neben dem Bräunungsgrad ein zuverlässiges Zeichen dafür, dass das Brot gut durchgebacken ist.

Zum Abkühlen legt man die fertigen Backwaren für einige Stunden auf einen Gitterrost, z.B. auf dem Balkon; frisches Brot sollte man erst nach 8–10 Stunden anschneiden, weil die Krume erst dann eine stabile Konsistenz gebildet hat.

Soweit unsere Erklärungen und Tipps, für weitere Informationen verweisen wir auf unser Glossar, die Literaturliste und wünschen viel Spaß und Erfolg beim Ausprobieren unserer Rezepte!

Rezeptverzeichnis

Jungsteinzeit und Kupferzeit

Bronzezeit

Keltische Zeit

Römische Zeit

Völkerwanderungszeit

Frühmittelalter

Mittelalter

Hoch- und Spätmittelalter

Backrezepte

Jungsteinzeit und Kupferzeit

ca. 5.800 – 2.200 v. Chr.

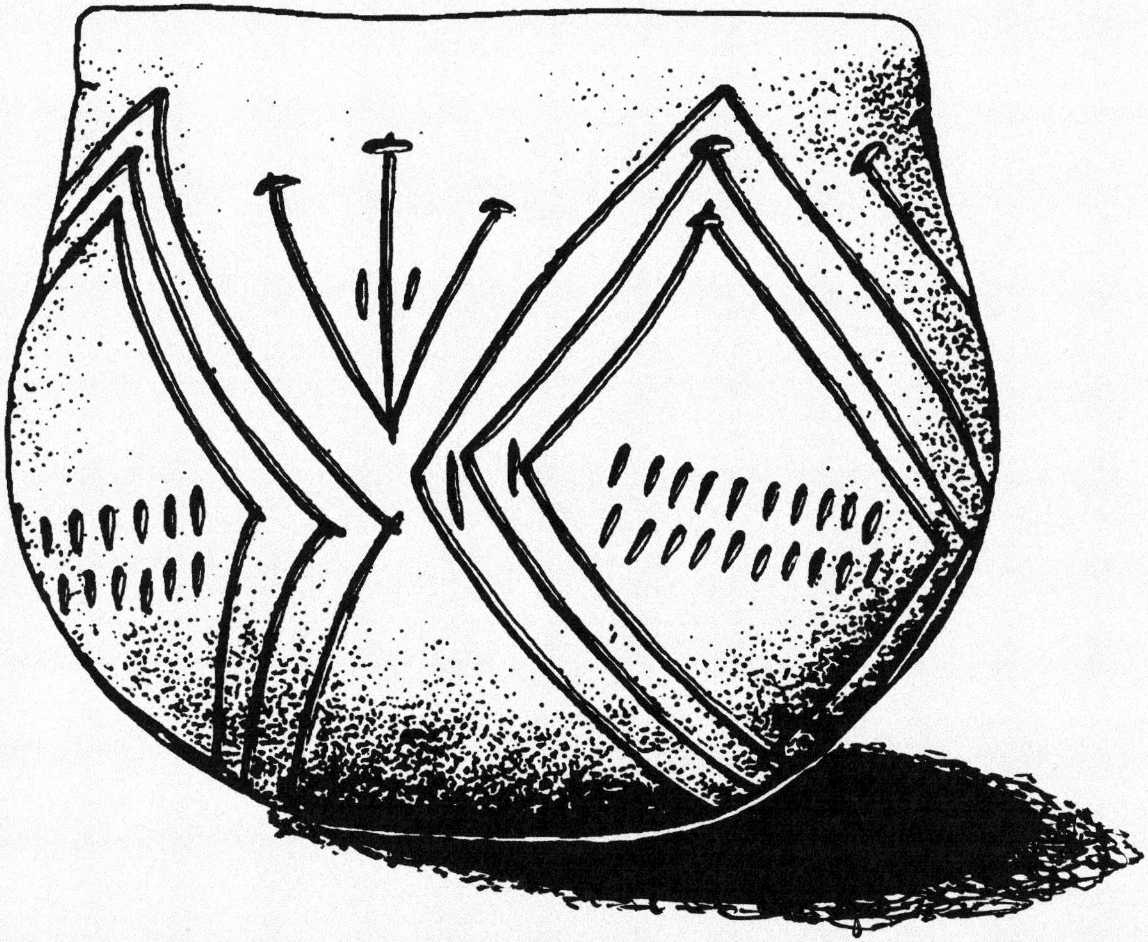

Die Jungsteinzeit (Neolithikum) stellt einen einschneidenden Wandel in der Menschheitsgeschichte dar, der von Wissenschaftlern auch als „Neolithische Revolution“ bezeichnet wird. Gemeint ist damit vor allem die Änderung der Lebens- und Wirtschaftsweisen der steinzeitlichen Menschen von umherstreifenden Jägern und Sammlern zu sesshaften Ackerbauern und Viehzüchtern. Diese Entwicklung begann vor etwa 12.000 Jahren im Vorderen Orient in einem Gebiet, das „Fruchtbarer Halbmond“ genannt wird, die heutige südöstliche Türkei, Syrien, den Irak, den Iran, den Libanon und Israel umfasst und sich von dort in mehreren Einwanderungswellen auf unterschiedlichen Wegen kontinuierlich über Europa ausgebreitet hat.

Die europäischen Jahresmitteltemperaturen lagen etwa 2 °C höher als heute, also gab es warme Sommer mit hoher Luftfeuchtigkeit und milde Winter; Schnee meist nur in höheren Lagen. Im Zuge der Klimaerwärmung nach der letzten Eiszeit hatte sich eine dichte Vegetation bestehend aus regional unterschiedlichen Gehölzen und Bäumen entwickelt, u. a. Hasel, Birken, Weiden, Eschen, Linden, Ulmen, Eichen und Weißtannen.

Die Menschen lebten dauerhaft in dörflichen Gemeinschaften mit festen Behausungen, deren Größe und Bauart im Laufe der Epoche erheblich variierte.

Häufig waren die Siedlungen zum Schutz vor feindlichen Übergriffen durch Gräben und Erdwälle mit Holzpalisaden gesichert, oft an schwer zugänglichen Orten wie in Mooren oder wie im südlichen und nördlichen Alpenvorland als „Pfahlbauten“ an den Ufern von Seen angelegt.

Im Verlauf der Jungsteinzeit kam es zu vielen technologischen Neu- bzw. Weiterentwicklungen. Zu erwähnen sind hier das Schleifen und Bohren von Steinwerkzeugen, die Erfindung von Webstuhl, Keramik und später Rad und Wagen. Insbesondere die Herstellung von feuerfesten Gefäßen aus gebranntem Ton stellte einen enormen Fortschritt dar, zumal die Keramikgefäße nicht nur zum Kochen, sondern auch als Trink- und Speisegeschirr sowie als Vorratsbehälter genutzt wurden.

Viele Archäologen sprechen mittlerweile von einem „Neolithischen Paket“, das die Einwanderer aus dem Vorderen Orient mitbrachten. Gemeint sind damit neben Kenntnissen zum Bau von Wohngebäuden, Brunnen, Befestigungen sowie „Kultanlagen“, Steinschliff und Keramikherstellung vor allem Haustiere und Kulturpflanzen. Durch entsprechende Knochenfunde belegt sind domestizierte Schafe, Ziegen, Rinder, Schweine und Hunde; anhand von Pollen und Makroresten konnten kultivierte Pflanzenarten wie Einkorn, Emmer, Gerste, Nacktweizen, Rispenhirse, Lein, Mohn, Erbsen, Linsen und Sellerie nachgewiesen werden, im Endneolithikum auch vereinzelte Vorkommen von Dinkel, Ackerbohnen und Petersilie. Erträge aus Sammelwirtschaft, Jagd und Fischfang ergänzten das Nahrungsangebot, besonders in Notzeiten.

Zum Ende des Neolithikums treten vermehrt Gegenstände aus Kupfer auf, deshalb wird dieser Abschnitt auch als Kupferzeit (Chalkolithikum) bezeichnet.

Der bislang spektakulärste Fund aus dieser Epoche ist sicherlich die 1991 in den Ötztaler Alpen entdeckte Gletschermumie „Ötzi“, die immer noch Gegenstand internationaler Forschung ist und viele Rätsel aufgibt. In diesem Zusammenhang steht auch die von Wissenschaftlern kontrovers diskutierte Frage, ob bereits zu dieser Zeit eine Art Almwirtschaft betrieben wurde.

Weizenbrot mit Dill

Zutaten:

500 g	**Weizenvollkornmehl**
30 g	**Dill**
42 g	**Hefe** (1 Würfel Frischhefe)
1 EL	**Salz**
0,3–0,4 l	**Wasser** (lauwarm)

Zubereitung:

Sämtliche Zutaten in einer Schüssel mischen und zu einem glatten Teig kneten. Die Teigschüssel mit einem Tuch abdecken und 2–3 Stunden an einen warmen Ort stellen. Anschließend den Teig kräftig durchkneten, zu 4 etwa gleich großen Kugeln formen, diese wiederum mit einem Tuch abdecken und 30 Minuten warm lagern. Danach die Teiglinge an der Oberfläche mit lauwarmem Wasser abstreichen, mit einem Messer über Kreuz einritzen, auf ein mit Backpapier ausgelegtes Blech legen und ca. 30 Minuten im auf 220 °C vorgeheizten Ofen auf mittlerer Schiene backen.

Weizen-Gersten-Brot mit Leinsamen

Zutaten:

300 g	**Weizenvollkornmehl**
200 g	**Gerstenvollkornmehl**
50 g	**Leinsamen** (geschrotet)
150 g	**Sauerteig**
1 EL	**Salz**
0,2–0,3 l	**Wasser** (lauwarm)

Zubereitung:

Alle Zutaten zu einem Teig kneten, für 1 Stunde warm lagern und dann zu einem runden Laib formen, diesen auf ein mit Backpapier ausgelegtes Backblech legen, mit einem Tuch bedecken und für weitere 30 Minuten warm stellen. Anschließend im gut vorgeheizten Backofen auf mittlerer Schiene bei 220 °C ca. 1 Stunde backen.

Einkornstangen

Zutaten:

500 g	**Einkornvollkornmehl**
150 g	**Einkornkörner**
42 g	**Hefe** (1 Würfel Frischhefe)
1 EL	**Salz**
0,3–0,4 l	**Wasser**

Zubereitung:

Einkornkörner anrösten, dann abkühlen lassen und mit den restlichen Zutaten zu einem Teig kneten. Den Teig in einer abgedeckten Schüssel für 3 Stunden warm stellen, danach kräftig durchkneten und zu 2 langen Stangen formen, diese auf ein mit Backpapier ausgelegtes Backblech legen, mit einem Tuch abdecken und weitere 30 Minuten an einem warmen Ort gehen lassen. Anschließend im auf 220 °C vorgeheizten Backofen auf mittlerer Schiene ca. 35 Minuten backen.

Emmerbrötchen mit Dörräpfeln

Zutaten für 10 Stück:

- 500 g **Emmervollkornmehl**
- 80 g **Dörräpfel**
- 42 g **Hefe** (1 Würfel Frischhefe)
- 1 EL **Salz**
- 0,3–0,4 l **Wasser** (lauwarm)

Zubereitung:

Getrocknete Apfelringe in kleine Stücke schneiden, mit Mehl, zerbröckelter Hefe, Salz und lauwarmem Wasser zu einem Teig kneten und in einem geschlossenen Gefäß für 3 Stunden warm stellen. Danach den Teig wieder kräftig durchkneten, in 10 gleich große Stücke teilen und daraus Brötchen formen. Die Brötchen auf ein mit Backpapier ausgelegtes Backblech legen, mit einem Tuch abdecken und wiederum für 30 Minuten warm lagern. Dann die Teiglinge an der Oberfläche mit lauwarmem Wasser abstreichen und mit einem Messer mehrfach ritzen oder einstechen. Im vorgeheizten Backofen auf mittlerer Schiene bei 200 °C ca. 30 Minuten backen, bis die Kruste gut gebräunt ist.

Weizenstangen mit Mohn

Zutaten:

500 g **Weizenvollkornmehl**
200 g **Mohn**
42 g **Hefe** (1 Würfel Frischhefe)
1 EL **Salz**
0,3–0,4 l **Wasser** (lauwarm)

Die Samen vom Schlafmohn eignen sich hervorragend als Zutat für Backwaren und Süßspeisen; deutlich interessanter ist aber der Wirkstoff, der aus dem Milchsaft der Pflanze gewonnen werden kann ... sicherlich auch schon in der Jungsteinzeit bekannt!

Zubereitung:

Das Mehl mit 150 g Mohn, zerbröckelter Hefe, Salz und Wasser zu einem glatten Teig kneten, abgedeckt für 1 Stunde warm stellen. Dann nochmal kräftig durchkneten, zu 4 etwa gleich großen langovalen Teiglingen formen, auf ein Backblech legen und mit einem Tuch bedeckt weitere 30 Minuten warm lagern. Anschließend die Teiglinge mit warmem Wasser an der Oberfläche etwas anfeuchten und mit dem restlichen Mohn bestreuen.
Bei 220 °C im Backofen auf mittlerer Schiene ca. 30–35 Minuten backen.

Michelsberger Bärlauchfladen mit Haselnüssen

Zutaten:

250 g	**Emmervollkornmehl**
250 g	**Weizenvollkornmehl**
30 g	**Bärlauch** (getrocknet)
100 g	**Haselnüsse** (gehackt)
1 EL	**Salz**
0,3–0,4 l	**Wasser** (lauwarm)

Im Keramikspektrum der sogenannten Michelsberger Kultur (ca. 4.400–3.500 v. Chr.) gibt es flache, runde Platten aus gebranntem Ton, die als „Backteller" bezeichnet werden. Archäologische Experimente haben gezeigt, dass man darauf in der Glut eines Feuers Fladen backen bzw. Fleisch oder Fisch zubereiten kann.

Zubereitung:

Alle Zutaten mischen und zu einem Teig kneten, dann für 1–2 Stunden warm lagern. Backofen auf 220 °C vorheizen, den Teig nochmal kräftig durchkneten und zu 4 flachen, runden Fladen formen, an der Oberseite „stippen". Anschließend auf ein mit Backpapier ausgelegtes Backblech legen, auf mittlerer Schiene 25–30 Minuten backen.

„Ötzis" Weizenfladen mit Dost

Zutaten:

500 g **Weizenvollkornmehl**
50 g **Dost** (getrocknet)
42 g **Hefe** (1 Würfel Frischhefe)
1 EL **Salz**
0,3–0,4 l **Wasser** (lauwarm)

Zubereitung:

Mehl und Dost mischen, Hefe hineinbröseln, Wasser und Salz dazugeben, einen Teig daraus kneten und zugedeckt 30 Minuten an einem warmen Platz ruhen lassen. Dann wieder durchkneten, 4 etwa gleich große flache, runde Fladen formen und auf ein Backblech legen. Die Fladen mit einem Tuch bedecken und weitere 30 Minuten warm lagern. Das Blech mit den Fladen anschließend auf mittlerer Schiene in den auf 220 °C vorgeheizten Backofen geben und 30–35 Minuten backen.

Schälchengebäck mit Wildfrüchten

Zutaten:

- 250 g **Weizenvollkornmehl** (sehr fein gemahlen)
- 50 g **Butter**
- 400 g **Wildfrüchte** (Walderdbeeren, Heidelbeeren o.ä.)
- 1–2 TL **Salz**
- 0,1–0,2 l **Wasser** (lauwarm)
- 15–20 **Kieselsteine** bzw. hitzebeständige Gerölle, etwa daumengroß

Dieses Rezept basiert auf Funden von Backwaren aus schweizerischen Pfahlbausiedlungen.

Zubereitung:

Aus Mehl und Wasser einen glatten Teig kneten, für 30 Minuten warm stellen, nochmal kräftig durchkneten und danach 24 Stunden kühl lagern. Dann den Teig in schiffchenförmige Stücke formen und in jedes Teigstück einen zuvor mit Butter gefetteten Stein drücken. Die Teiglinge mit den Steinen im zuvor auf 220 °C vorgeheizten Backofen auf einem Blech auf der mittleren Einschubleiste ca. 30–35 Minuten backen, die Steine entfernen und die so im Gebäck entstandenen Mulden mit Früchten füllen.

Bronzezeit

ca. 2.200 v. Chr. – 800 v. Chr.

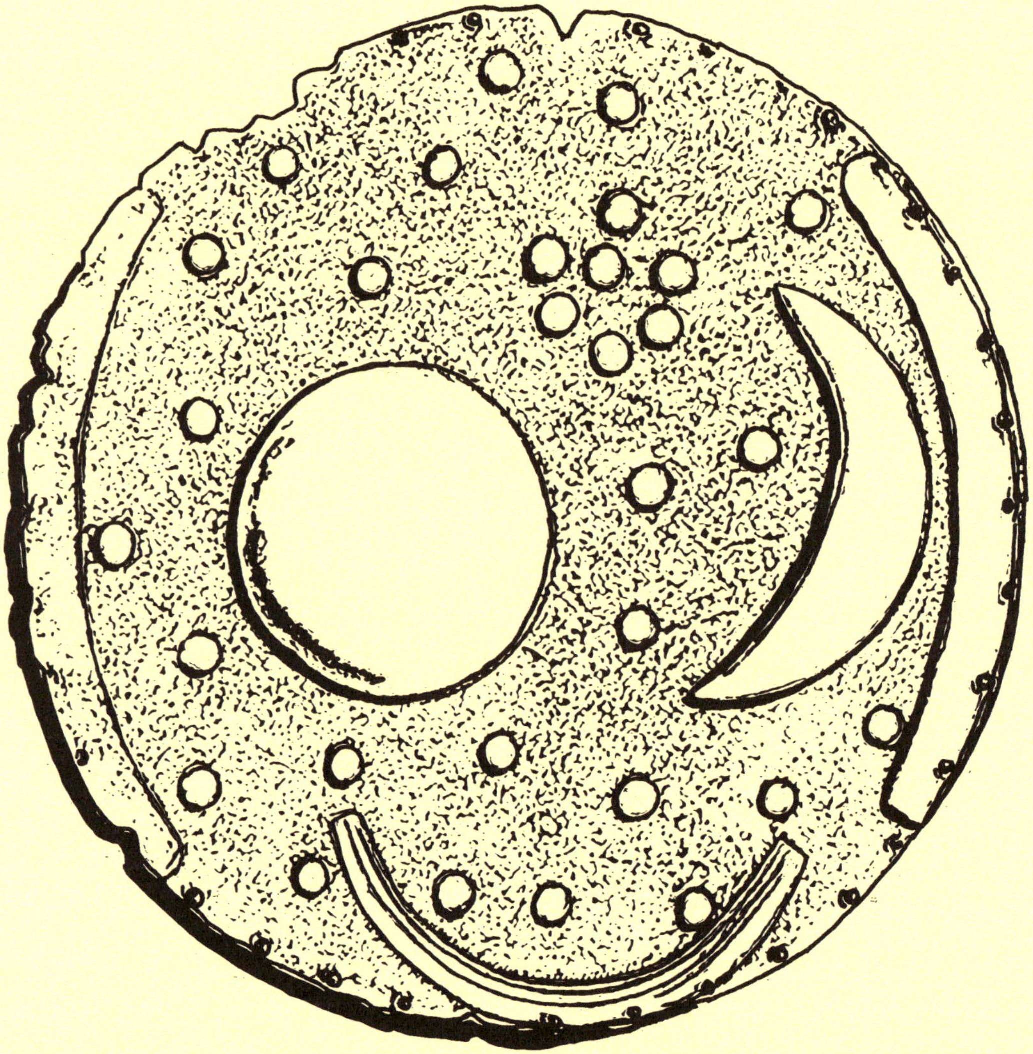

Namengebend für diese Epoche ist die Erfindung einer Legierung aus dem schon seit Ende der Jungsteinzeit bekannten Kupfer mit Arsen bzw. Zinn: der Bronze. Aus diesem Buntmetall konnten Waffen, Werkzeuge, Gebrauchsgegenstände und Schmuck hergestellt werden, die aufgrund der Materialbeschaffenheit sehr robust und strapazierfähig waren. Der Ursprung dieser Technologie liegt wohl in Mesopotamien und kam auf unterschiedlichen Wegen nach Mitteleuropa.

Dort war das Klima während der Bronzezeit geprägt durch einen mehrfachen Wechsel, es gab warm-trockene Phasen und Zeiten mit niedrigeren Temperaturen und erhöhten Niederschlagsmengen. Hierdurch kam es auch zu Veränderungen des Landschaftsbildes, in vielen Gegenden war nun die Buche der häufigste Laubbaum.

Die bronzezeitlichen Siedlungen unterschieden sich von Siedlungen des Spätneolithikums oder der Kupferzeit häufig dadurch, dass sie stärker befestigt und die Häuser bevorzugt in Blockbautechnik auf Schwellbalken errichtet wurden. Diese Bauweise hinterlässt im Boden nur selten Spuren, daher ist es für Archäologen sehr schwierig, solche Siedlungsstrukturen zu erkennen; meist findet man nur Reste von Feuerstellen, Öfen, Gruben und Pfostenlöcher von Speicherbauten oder Palisaden. Eine Ausnahme bilden die schon seit der Jungsteinzeit üblichen Moor- und Seeufersiedlungen im Umfeld der Alpen, die aufgrund der guten Erhaltungsbedingungen in Feuchtsedimenten hervorragende Erkenntnisse zu damaligen Lebens- und Wirtschaftsweisen liefern. So konnte u. a. nachgewiesen werden, dass es bereits spezialisierte Handwerker für die Herstellung von Gegenständen aus Bronze gab.

Grundlagen der Ernährung waren Ackerbau und Viehzucht, ergänzt durch Jagdbeute, Fischerei und Sammeln von Wildpflanzen, Früchten und Pilzen.

Es wird vermutet, dass die bronzezeitlichen Menschen sich an bestimmten Sternkonstellationen, den Mondphasen und jahreszeitlich bedingten Sonnenständen orientierten, um einen günstigen Termin für die Aussaat von Getreide und Feldfrüchten zu bestimmen.

Auf den Feld- und Gartenflächen wurden die bereits seit dem Neolithikum und der Kupferzeit bekannten Kulturpflanzen angebaut, wobei eine deutliche Zunahme von Dinkel und Ackerbohne zu erwähnen ist. Neu hinzu kam der Hafer, der sich aufgrund seines mangelnden Klebereiweißes nur bedingt zur Herstellung von Backwaren eignet und deshalb wohl eher als Brei zubereitet wurde. Durchaus denkbar wäre auch die Verwendung von Hafer als Beifutter für ein Tier, welches in der Bronzezeit das bisherige Spektrum von Haus- und Nutztierarten erweiterte: das Pferd. Es übernahm das Ziehen von Wagen, den Transport schwerer Lasten und steigerte als Reittier die menschliche Mobilität.

Dies war vor allem für den Handel mit Rohstoffen wie Kupfer, Zinn, Gold, Bernstein und Salz, aber auch mit Waren wie Waffen, Werkzeugen, Geschirr und Schmuck von großer Bedeutung. Orte mit ergiebigen Rohstoffquellen wurden durch Befestigungen geschützt, entlang der Handelsrouten entstanden an strategisch günstigen Plätzen erste burgähnliche Anlagen. Der Zweck dieser Anlagen bestand darin, die Verkehrswege zu kontrollieren, den stetig zunehmenden Besitzstand und die damit verbundenen Privilegien zu verteidigen. Hier entwickelten sich die ersten Feudalstrukturen elitärer Oberschichten, die im Kampf um Macht und Ressourcen rücksichtslos Kriege führten.

Weizen-Hirse-Brot mit Thymian

Zutaten:

- 400 g **Weizenvollkornmehl**
- 200 g **Hirse**
- 2 EL **Thymian** (getrocknet)
- 42 g **Hefe** (1 Würfel Frischhefe)
- 1 EL **Salz**
- 0,3–0,4 l **Wasser** (lauwarm)

Zubereitung:

Mehl sieben, mit Hirse, Thymian, Salz, zerbröckelter Hefe und lauwarmem Wasser vermengen und zu einer glatten Teigkugel kneten, mit einem Tuch bedecken und für 30 Minuten warm stellen. Danach kräftig durchkneten, zu einem Laib formen und diesen in einem mit Mehl ausgestäubten Korb an einem warmen Ort mit einem Tuch abgedeckt für weitere 30 Minuten lagern. Den Backofen auf 220 °C vorheizen, den Brotlaib auf ein mit Backpapier ausgelegtes Blech legen, mit warmem Wasser abstreichen und an der Oberfläche mit einem Messer einritzen.
Bei 220 °C auf mittlerer Schiene ca. 50 Minuten lang backen.

Gerstenbrot mit Leinsamen

Zutaten:

- 500 g **Gerstenvollkornmehl**
- 150 g **Leinsamen** (geschrotet)
- 1 EL **Honig** (in Wasser gelöst)
- 42 g **Hefe** (1 Würfel Frischhefe)
- 1 EL **Salz**
- 0,3–0,4 l **Wasser**

Zubereitung:

Alle Zutaten (ohne Honig) vermengen, zu einem glatten Teig kneten, die Teigschüssel mit einem Tuch abdecken und 8 Stunden warm lagern. Den Teig danach kräftig kneten, in 2 gleich große Portionen teilen, nochmals kräftig durchkneten, in bemehlten Körben für 30 Minuten warm stellen, dabei die Körbe mit Tüchern abdecken. Anschließend die Laibe auf ein Blech legen, mit dem in warmem Wasser gelösten Honig an der Oberfläche abstreichen, mit einem Messer einschneiden und bei 220 °C auf mittlerer Schiene ca. 50–55 Minuten backen.

Dinkelbrot mit Grünkernschrot

Zutaten:

- 500 g **Dinkelvollkornmehl**
- 150 g **Grünkernschrot**
- 42 g **Hefe** (1 Würfel Frischhefe)
- 100 g **Sauerteig**
- 1 EL **Salz**
- 0,2–0,4 l **Wasser** (lauwarm)

Dinkel wurde früher häufig wegen schlechter Witterungsbedingungen unreif (grün) geerntet und über Holzfeuer gedarrt und somit als „Grünkern“ haltbar gemacht.

Zubereitung:

Mehl durch ein Sieb streichen, mit Grünkernschrot, Sauerteig und zerbröckelter Hefe mischen, Salz und Wasser hinzufügen und daraus einen glatten Teig kneten. Teigschüssel mit einem Tuch bedecken und für 1½ Stunden warm stellen. Danach den Teig nochmals kräftig durchkneten, zu einem Laib formen und in einem innen mit Mehl ausgestäubten Korb abgedeckt weitere 30 Minuten an einem warmen Ort lagern. Nach Ablauf der Stückgare den Laib auf ein mit Backpapier ausgelegtes Blech legen, die Oberfläche des Teiglings mit einem Messer einritzen oder einstechen und im gut vorgeheizten Backofen auf mittlerer Schiene bei 220 °C ca. 50 Minuten backen.

Weizenschrotbrötchen mit Gerste und Petersilie

Zutaten:

- 200 g **Weizenvollkornschrot**
- 300 g **Gerstenvollkornmehl**
- 40 g **Blattpetersilie** (getrocknet)
- 42 g **Hefe** (1 Würfel Frischhefe)
- 1 EL **Salz**
- 0,3–0,4 l **Wasser** (lauwarm)

Petersilie ist bereits in kupferzeitlichen Pfahlbausiedlungen des Alpenraums nachgewiesen.

Zubereitung:

Die Hefe zerbröseln, mit den weiteren Zutaten vermischen und zu einem Teig verkneten, die Teigschüssel abdecken und für 30 Minuten warm stellen. Dann den Teig nochmal kräftig durchkneten, in 8 etwa gleich große Stücke aufteilen und daraus flachrunde Brötchen formen, diese auf ein mit Backpapier ausgelegtes Blech legen, mit einem Tuch bedecken und weitere 15 Minuten zur Stückgare warm stellen. Anschließend die Teiglinge an der Oberfläche mit Wasser bestreichen, mit einem Messer mehrfach einschneiden und bei 220 °C im vorgeheizten Ofen auf mittlerer Schiene ca. 30 Minuten backen.

Dinkelmöndchen mit Haselnüssen

Zutaten für 50 Stück:

100 g **Dinkelvollkornmehl** (fein gemahlen)
50 g **Haselnusskerne** (gemahlen)
75 g **Butter**
50 g **Apfelmus** (ungesüßt)

Zubereitung:

Alle Zutaten zu einer glatten Teigkugel kneten, in Frischhaltefolie oder Pergamentpapier verpacken und 2 Stunden kühl lagern. Danach dünn ausrollen (ca. 3–4 mm), mit einer mondsichelförmigen Schablone von ca. 5 cm Länge ausschneiden oder eine entsprechende Ausstechform benutzen, die Möndchen auf ein mit Backpapier ausgelegtes Blech legen. Im auf 180 °C vorgeheizten Ofen auf mittlerer Schiene ca. 15–20 Minuten backen.

Mohnkugeln

Zutaten für 60 Stück:

200 g **Weizenvollkornmehl**
40 g **Mohn** (gemahlen)
100 g **Butter**
3 EL **Honig**
1 TL **Salz**

Zubereitung:

Alle Zutaten zu einer glatten Teigkugel kneten, in Frischhaltefolie oder Pergamentpapier packen und 2 Stunden kühl lagern. Danach etwa walnussgroße Kugeln formen, auf ein mit Backpapier ausgelegtes Backblech legen und auf mittlerer Schiene im gut vorgeheizten Backofen bei 200 °C ca. 15–20 Minuten backen.

Keltische Zeit

ca. 800 v. Chr. – Christi Geburt

Das Klima veränderte sich dahingehend, dass die Sommer kühler und feuchter, die Winter etwas wärmer wurden („Subatlantikum"). Auch durch Eingriffe des Menschen kam es zu einem weiteren Rückgang der Bewaldung, die häufigsten Laubbäume waren Eichen und Buchen, regional gab es auch größere Nadelholzbestände.

Antike griechische Schriftsteller bezeichneten die meisten Volksstämme Mitteleuropas dieser Zeit grob zusammenfassend als „keltoi", daraus leitet sich vermutlich der Begriff „Kelten" ab. Die einzelnen Stämme, Völkerschaften oder Clans waren zwar zum großen Teil kulturell miteinander verbunden durch gemeinsame Glaubensvorstellungen und auch über Handelsbeziehungen bis in den mediterranen Raum hervorragend vernetzt, ließen aber keine Gelegenheit aus, ihre Nachbarn zu überfallen und zu plündern. Schriftlich überliefert sind u.a. für das 4. Jh. v. Chr. Einfälle in Italien und für das 3. Jh. v. Chr. in Griechenland. Letztlich kam es aber nie zur Bildung eines keltischen Reichs oder Staates, sondern nur zu kleinräumigen feudalen Strukturen („Fürstensitze") bzw. später zu befestigten, stadtähnlichen Ansiedlungen („oppida").

Die bedeutendste technologische Errungenschaft keltischer Zeit ist sicherlich die Verhüttung von Eisenerzen und damit die Verfügbarkeit eines neuen Metalls, das deutlich härter und robuster als Kupfer oder Bronze ist. Aus diesem Eisen stellten die keltischen Schmiede nicht nur sehr qualitätsvolle und äußerst begehrte Messer, Schwerter und Lanzenspitzen her, sie gelten auch als Erfinder des Kettenhemdes, von Pflugscharen aus Eisen und einer Art Mähmaschine („vallus"). Auch der Wagenbau, das Holzhandwerk und die Töpferei wurden weiterentwickelt, so wurden zur Herstellung von Keramikgefäßen langsam rotierende Töpferscheiben eingesetzt, große hölzerne Vorratsgefäße in Fassform aus sogenannten Dauben hergestellt.

Weiterhin bildeten die Erträge aus Ackerbau und Viehzucht die Grundlage der Ernährung, ergänzt durch Sammelwirtschaft, Jagd und Fischerei. Je nach Region wurden unterschiedliche Getreidearten und Feldfrüchte angebaut bzw. unterschiedliche Nutztiere gezüchtet, die schon aus vorangegangenen Epochen bekannt waren. Neu hinzu kamen Roggen und Möhren sowie das Huhn, das außer Fleisch auch Eier lieferte.

Besonders wichtig war der bergmännische Abbau von Steinsalz oder Erzen und der damit verbundene Handel, der überregional zu einem intensiven Austausch von materiellen und kulturellen Gütern führte. Hiervon profitierte hauptsächlich die keltische Oberschicht, die über ein Gebiet mit Rohstoffquellen herrschte und die Handelswege kontrollierte. Als Import begehrt waren neben großvolumigen, reich verzierten Gefäßen aus Bronze auch griechische Schalen aus bemalter Feinkeramik, die analog zu etruskischen und altgriechischen Gelagen („symposion") bei ähnlichen Veranstaltungen an keltischen Fürstenhöfen verwendet wurden. Sehr gut ersichtlich sind diese Zusammenhänge durch die Ergebnisse archäologischer Ausgrabungen keltischer „Fürstengräber", z.B. in Süddeutschland, Österreich und Frankreich.

Haferbrot mit Buttermilch

Zutaten:

500 g **Hafervollkornmehl**
150 g **Haferkörner** (geröstet)
1 EL **Honig**
42 g **Hefe** (1 Würfel Frischhefe)
1 EL **Salz**
0,3–0,4 l **Buttermilch** (lauwarm)
1 **Eigelb**

Zubereitung:

Geröstete Haferkörner mit Hafermehl und zerbröckelter Hefe mischen, lauwarme Buttermilch, Honig und Salz zugeben und kräftig kneten, bis ein homogener Teig entsteht. Die Teigschüssel mit einem Tuch abdecken und für 3 Stunden an einem warmen Ort lagern. Anschließend den Teig nochmal kräftig durchkneten, zu einem Laib formen und in einem innen bemehlten runden Korb abgedeckt weitere 30 Minuten warm stellen. Danach den Laib auf ein Backblech legen, an der Oberfläche mit verquirltem Eigelb abstreichen, je nach Wunsch einschneiden und im Backofen auf mittlerer Schiene ca. 50 Minuten bei 220 °C backen.

Beltanebrot mit Fenchelsamen

Zutaten:

300 g **Weizenvollkornmehl**
200 g **Emmervollkornmehl**
100 g **Fenchelsamen** (getrocknet)
42 g **Hefe** (1 Würfel Frischhefe)
100 g **Sauerteig**
1 EL **Salz**
0,2–0,4 l **Wasser** (lauwarm)

Beltane war ein keltischer Festtag zum Sommeranfang (1. Mai) und wurde mit entsprechenden Fruchtbarkeitsritualen gefeiert.

Zubereitung:

Hefe zerbröckeln, mit den restlichen Zutaten gut vermengen und daraus einen glatten Teig formen, die Teigschüssel abdecken und für 8 Stunden warm stellen. Anschließend den Teig auf einer mit Mehl bestäubten Unterlage kräftig durchkneten, zu einem Laib formen und in einen mit etwas Mehl ausgestreuten Korb legen, mit einem Tuch bedecken und 2 Stunden warm lagern. Anschließend den Laib aus dem Korb nehmen, auf ein Backblech mit Backpapier legen und im auf 220 °C vorgeheizten Backofen auf mittlerer Schiene ca. 45–50 Minuten backen.

Einkornfladen mit Möhren

Zutaten:

- 500 g **Einkornvollkornmehl**
- 250 g **Möhren**
- 3 EL **Thymian** (getrocknet)
- 42 g **Hefe** (1 Würfel Frischhefe)
- 1 EL **Salz**
- 0,3–0,4 l **Wasser** (lauwarm)

Zubereitung:

Möhren schälen, in kleine Würfel hacken, mit Mehl, zerbröckelter Hefe, Thymian, Salz und lauwarmem Wasser zu einem Teig verarbeiten. Den Teig in einer zugedeckten Schüssel für 1 Stunde an einen warmen Ort stellen. Dann den Teig kräftig durchkneten, in 4 gleich große Portionen teilen, daraus flache Fladen formen, auf ein mit Backpapier ausgelegtes Blech legen und mit einem Tuch bedeckt 30 Minuten warm lagern. Anschließend die Fladen im vorgeheizten Backofen auf mittlerer Schiene ca. 45–50 Minuten bei 220 °C backen.

Roggenknubbel mit Räucherfisch

Zutaten:

- 375 g **Roggenvollkornmehl**
- 125 g **Einkornvollkornmehl** (ersatzweise Emmervollkornmehl)
- 80–100 g **Räucherfisch** (Lachs, Forelle, Aal o. ä.)
- 42 g **Hefe** (1 Würfel Frischhefe)
- 1 EL **Salz**
- 0,3–0,4 l **Wasser** (lauwarm)
- 2 EL **Olivenöl**

Unser Tipp: Direkt warm aus dem Ofen verzehren, dazu etwas Joghurt oder Sauerrahm mit fein gehacktem frischem Dill!

Zubereitung:

Mehl, Salz, zerbröckelte Hefe und Wasser zu einem Teig kneten und für 1 Stunde in einer geschlossenen Schüssel warm stellen. Dann nochmal kräftig kneten, in 10 etwa gleich große, runde dünne Fladen formen, diese in der Mitte mit dem Daumen eindrücken. Räucherfisch fein hacken und portionsweise in die Mulden der Fladen füllen, die Fladen zusammenklappen und zu Kugeln formen. Die Teigkugeln auf ein mit Backpapier belegtes Backblech legen, mit einem Tuch abdecken und 30 Minuten an einem warmen Ort lagern. Backofen auf 220 °C vorheizen, die Teiglinge an der Oberfläche mit Olivenöl einstreichen und auf mittlerer Schiene ca. 20–22 Minuten backen.

Gallisches Rosinenbrot

Zutaten:

500 g	**Weizenvollkornmehl**
150 g	**Rosinen**
50 g	**Butter**
1	**Ei**
3 EL	**Honig**
42 g	**Hefe** (1 Würfel Frischhefe)
1 EL	**Salz**
0,2–0,4 l	**Wasser** (lauwarm)

In spätkeltischen Siedlungen Süddeutschlands wurden bei Ausgrabungen Reste von getrockneten Weinreben, also Rosinen, gefunden, die vermutlich aus Italien importiert wurden.

Zubereitung:

Hefe zerbröckeln, mit den restlichen Zutaten zu einem Teig kneten, abgedeckt für 1 Stunde warm stellen, dann kräftig durchkneten und zu einem ovalen Laib formen. Den Laib mit einem Tuch bedecken, für weitere 15 Minuten warm stellen, dann auf einem mit Backpapier ausgelegten Blech im gut vorgeheizten Ofen auf mittlerer Schiene bei 200 °C ca. 35–40 Minuten backen.

Hallstätter Salztäschchen

Zutaten:

500 g **Dinkelvollkornmehl**
3 EL **Olivenöl**
1 EL **Speisesalz**
0,3–0,4 l **Wasser**
grobkörniges Salz
(Menge nach Bedarf)

Die Kelten haben u. a. in Hallstatt (Österreich) Salz im großen Stil bergmännisch abgebaut und überregional verhandelt, deshalb spricht man auch vom „weißen Gold der Kelten".

Zubereitung:

Aus Mehl, Olivenöl, Wasser und Speisesalz einen Teig anmischen, gut durchkneten und anschließend auf einer mit Mehl bestäubten Arbeitsfläche dünn ausrollen. Dann rechteckige Stücke von ca. 8 × 12 cm Größe ausschneiden, mittig etwas grobkörniges Salz geben und dann in der Art von Maultaschen zusammenfalten, an den Rändern mit den Fingern zudrücken. Bei 200 °C im vorgeheizten Ofen auf mittlerer Schiene ca. 25–30 Minuten backen.

Honig-Mohn-Kringel

Zutaten:

250 g **Dinkelvollkornmehl**
150 g **Honig**
1 **Ei**
10 g **Mohn** (gemahlen)
1 TL **Salz**

Zubereitung:

Aus allen Zutaten einen glatten Teig kneten, diesen dann für 4–5 Stunden kühl stellen. Danach aus dem Teig 20 etwa gleich große Kugeln formen, flach drücken und in der Mitte mit einem runden Holzstab (Stiel von Kochlöffel) durchbohren. Im vorgeheizten Backofen auf oberer Schiene bei 200 °C ca. 12–15 Minuten backen, bis die Oberfläche gut gebräunt ist.

Römische Zeit

ca. 1. – 4. Jh. n. Chr.

Das Klima dieser Epoche ist annähernd mit dem heutigen vergleichbar. Allerdings führten massive Eingriffe in die Natur und rücksichtslose Ausbeutung von Rohstoffquellen zu nachhaltiger Veränderung des Landschaftsbildes. Es kam zu vermehrter Bodenerosion bis hin zur Verkarstung ganzer Landstriche Europas und Nordafrikas, die teilweise heute noch sichtbar ist.

Wie im Kernland des römischen Imperiums lebten die Menschen in den besetzten Provinzen sowohl in ländlichen Siedlungen als auch in Städten. In der Regel waren zumindest die größeren Städte planmäßig angelegt und verfügten über eine hervorragende Infrastruktur mit teilweise mehrgeschossigen Wohn- und Geschäftsgebäuden aus Stein oder Fachwerk, gepflasterten Hauptstraßen, Trinkwasserversorgung über Fernleitungen und Aquädukte sowie Kanäle zur Abwasserentsorgung. Hinzu kamen Marktplätze, Tavernen, Garküchen, Herbergen und andere öffentliche Einrichtungen, z.B. Verwaltungsgebäude, Tempel, Badeanlagen und Amphitheater. In den Außenbezirken waren unterschiedliche Gewerbebetriebe, u.a. von Schmieden, Buntmetallgießern, Töpfern, Glasbläsern, Gerbern, Webern, Schneidern, Schreinern oder anderen Handwerkern angesiedelt. Insgesamt betrachtet waren römische Städte somit in Aufbau und Struktur durchaus vergleichbar mit unseren heutigen Städten.

Auf dem Land gab es groß dimensionierte Agrarbetriebe („villae rusticae"), die die Versorgung der ständig wachsenden Bevölkerung sicherten. Neben der Zucht von Nutzvieh wie Rindern, Schafen, Ziegen, Schweinen und Geflügel wurde hier vor allem der Anbau von Getreide, Feldfrüchten, Obst und Gemüse betrieben, teilweise auch Fischzucht und Imkerei. Importe aus dem Mittelmeerraum erweiterten das Spektrum der nördlich der Alpen angebauten Kulturpflanzen u.a. um Arten wie Pastinake, Portulak, Koriander, Weinrebe, Walnuss und Esskastanie.

Durch Einsatz ihres gut organisierten Militärs und angeworbener Söldnertruppen gelang es den Römern, ihren Einflussbereich im Laufe der Zeit kontinuierlich zu erweitern und sich neue Rohstoffquellen zu sichern. Zum Schutz vor feindlichen Übergriffen wurden an den Reichsgrenzen Kastelle und Befestigungsanlagen wie der bekannte „Limes" errichtet. Trotz dieser Abgrenzung blühte der Handel mit den benachbarten Volksstämmen. So waren im „freien Germanien" besonders Prestigeobjekte wie Speise- und Trinkgeschirr aus Terra Sigillata, Glas, Bunt- und Edelmetall hoch begehrt, im Austausch lieferte man z.B. Erz, Pelze oder blondes (!) Frauenhaar, aus dem sich vermögende Damen der römischen „High Society" Perücken anfertigen ließen.

Ihr hervorragendes Straßennetz in Verbindung mit hoch entwickelter Schifffahrt ermöglichte den Römern auch einen gut organisierten Fernhandel, der bis nach Arabien und Asien („Seidenstraße") reichte und zum Import von Luxusgütern wie Seidenstoffen oder exotischen Gewürzen führte.

Legionärsbrot

Zutaten:

- 500 g **Dinkelvollkornmehl**
- 3 EL **Olivenöl**
- 42 g **Hefe** (1 Würfel Frischhefe)
- 1 EL **Salz**
- 0,3–0,4 l **Wasser** (lauwarm)

Dieses Rezept wurde von uns in Anlehnung an das römische Militärbrot „panis militaris" entwickelt.

Zubereitung:

Das Mehl mit zerbröckelter Hefe, Olivenöl, Salz und Wasser vermengen, gut durchkneten und warm stellen für 1 Stunde. Dann den Teig in 2 gleich große Portionen teilen, kräftig kneten und zu 2 runden Laiben formen, sie auf ein mit Backpapier ausgelegtes Blech legen und für weitere 30 Minuten abgedeckt warm stellen. Anschließend die Laibe auf der Oberfläche mit einem Messer über Kreuz so einschneiden, dass sich 8 Teilstücke ergeben. Bei 220 °C im vorgeheizten Backofen auf mittlerer Schiene ca. 42–45 Minuten backen.

Olivenbrot mit Dost

Zutaten:

500 g **Weizenvollkornmehl**
170 g **schwarze Oliven** (ohne Stein)
3 EL **Dost** (getrocknet)
42 g **Hefe** (1 Würfel Frischhefe)
1 EL **Salz**
0,3–0,4 l **Wasser** (lauwarm)
Olivenöl (Menge nach Bedarf)

Anstelle von Dost kann Oregano verwendet werden, da Dost die Wildform von Oregano ist.

Zubereitung:

Oliven in kleine Stücke schneiden, mit den restlichen Zutaten mischen und daraus einen Teig kneten, diesen dann mit einem Tuch abgedeckt für 1 Stunde an einen warmen Ort stellen. Anschließend nochmal kräftig durchkneten und zu 2 Laiben formen. Auf einem mit Backpapier ausgelegten Backblech nochmal mit einem Tuch abgedeckt für 30 Minuten warm lagern, dann mit Olivenöl einstreichen, mit einem Messer an der Oberfläche einschneiden und im gut vorgeheizten Backofen auf mittlerer Schiene bei 220 °C 30–35 Minuten backen.

Dinkelbrot mit Aprikosen

Zutaten:

500 g **Dinkelvollkornmehl**
150 g **getrocknete Aprikosen**
42 g **Hefe** (1 Würfel)
100 g **Sauerteig**
1 EL **Salz**
0,2–0,4 l **Wasser** (lauwarm)

Um ein Verklumpen und Verkleben der Aprikosenstücke zu verhindern, sollten sie vor dem Unterziehen in den Teig mit gesiebtem Mehl bestäubt werden.

Zubereitung:

Die getrockneten Aprikosen in kleine Stücke schneiden und mit den restlichen Zutaten zu einem Teig kneten, diesen in einer geschlossenen Schüssel für 1 Stunde warm stellen. Danach den Teig nochmal gut durchkneten und zu 2 Laiben formen. Die Laibe unter einem Tuch weitere 30 Minuten gehen lassen, anschließend mit einem Messer an der Oberfläche das gewünschte Muster einritzen und im gut vorgeheizten Backofen bei 220 °C auf mittlerer Schiene 30–35 Minuten backen.

Mostbrötchen

Zutaten (für 10 Stück):

500 g **Weizenvollkornmehl** (sehr fein gemahlen)
100 g **Butterschmalz**
50 g **Schafskäse**
1 TL **Kümmel** (gemörsert)
1 TL **Anis** (ersatzweise Fenchelsamen)
30 g **Frischhefe**
1 EL **Salz**
0,3 l **Traubensaft** (naturtrüb)

Dieses Rezept ist eine Abwandlung einer schriftlich überlieferten Rezeptur aus dem Werk „De agri cultura“ von Marcus Porcius Cato d. Ä. (234–149 v. Chr.).
Der Originaltext lautet:
„Mustaceos sic facito: Farinae siliginae modium unum musto conspargito. Anesum, cuminum, adipis. Oleum, casei libram, et de virga lauri deradito, eadem addito, et ubi definxeris, lauri folia subtus addito, coques.“

Zubereitung:

Aus Mehl, Traubensaft und Hefe einen Teig mischen, diesen für 30 Minuten an einem warmen Ort mit einem Tuch abgedeckt ruhen lassen. Dann den Teig mit den restlichen Zutaten vermengen, kräftig durchkneten und 10 gleich große Teiglinge formen und diese auf einem Backblech für weitere 30 Minuten warm stellen. Danach die Teiglinge an der Oberfläche mit etwas Wasser abstreichen, einritzen und im gut vorgeheizten Backofen bei 200 °C auf mittlerer Schiene ca. 30–35 Minuten backen.

Apfeltäschlein mit Mandeln

Zutaten:

- 300 g **Emmervollkornmehl**
- 2 **Eier**
- 1 TL **Salz**
- 3 EL **Olivenöl**
- 0,1–0,2 l **Wasser** (lauwarm)
- 7 EL **Apfelmus**
- 4 EL **Mandeln** (gehackt)
- 2 **Eigelb**

Zubereitung:

Aus Mehl, Eiern, Salz, Olivenöl und Wasser einen glatten Teig kneten, ca. 30 Minuten kühl lagern, dann möglichst dünn auf einem mit Backpapier ausgelegten Blech ausrollen. Anschließend 28 runde Teigstücke von jeweils ca. 8 cm Durchmesser ausstechen, auf 14 dieser Stücke mittig etwas Apfelmus und gehackte Mandeln legen. Die Ränder mit Eigelb bestreichen, die restlichen 14 Teigstücke darauflegen und die Ränder mit einer Gabel fest andrücken. Danach die Apfeltäschlein an der Oberseite mit Eigelb abstreichen, auf mittlerer Schiene bei 180 °C 24–25 Minuten backen.

Emmertaler mit Pfeffer und Honig

Zutaten:

500 g **Emmervollkornmehl**
3 EL **schwarzer Pfeffer** (gemörsert)
6 EL **Honig**
42 g **Hefe** (1 Würfel Frischhefe)
1 EL **Salz**
0,2–0,3 l **Wasser** (lauwarm)

Pfeffer wurde von den Römern importiert und galt als Luxusgut.

Zubereitung:

Die Hefe zerbröckeln und mit den restlichen Zutaten zu einem Teig kneten, die Teigschüssel zudecken und für 1 Stunde warm stellen. Anschließend den Teig auf einer bemehlten Arbeitsfläche kräftig durchkneten, dann möglichst dünn (ca. 3–4 mm) ausrollen und mit dem Rand eines Gefäßes von ca. 8 cm Durchmesser (am besten eignet sich dafür ein Glas) Teiglinge ausstechen, diese dann auf ein mit Backpapier belegtes Blech geben, mit einem Tuch abdecken und 30 Minuten an einem warmen Ort lagern. Backofen auf 220 °C vorheizen, Blech mit Teiglingen auf mittlerer Schiene einschieben und 15–16 Minuten backen.

Haselnussstreifen mit Honig

Zutaten:

100 g **Roggenvollkornmehl**
100 g **Emmervollkornmehl**
80 g **Haselnusskerne** (gehackt)
6 EL **Honig**
100 g **Sauerteig**
2 TL **Salz**
0,1–0,2 l **Wasser** (lauwarm)

Zubereitung:

Aus allen Zutaten einen Teig herstellen, in einer geschlossenen Schüssel für 2 Stunden warm stellen. Danach den Teig kurz durchkneten, auf einer bemehlten Arbeitsfläche möglichst dünn ausrollen, mit flüssigem Honig bestreichen und in Rechtecke von ca. 12 × 3 cm schneiden, diese dann auf ein mit Backpapier belegtes Blech geben und mit gehackten Haselnusskernen bestreuen. Im gut vorgeheizten Backofen auf mittlerer Schiene bei 180 °C ca. 22–24 Minuten backen.

Zimtplätzchen

Zutaten für ca. 50 Stück:

200 g **Weizenvollkornmehl** (sehr fein gemahlen)
140 g **Butter**
60 g **Honig**
2 EL **Schmand**
1 **Eigelb**
1–2 TL **Zimt**

Zubereitung:

Butter, Honig, Schmand und Eigelb schaumig schlagen, Mehl und gemahlenen Zimt zufügen, zu einer glatten Teigkugel kneten, in Frischhaltefolie oder Pergamentpapier packen und für 2 Stunden kalt stellen. Dann dünn ausrollen, mit einem Glas Kreise von ca. 4–5 cm Durchmesser ausstechen, auf ein mit Backpapier ausgelegtes Blech legen und mit einem Messer die Oberfläche sternförmig einritzen. Bei 180 °C auf mittlerer Schiene im Backofen ca. 10–12 Minuten backen, unbedingt darauf achten, dass die Plätzchen nicht zu dunkel gebräunt werden, da sonst der Zimt verbrennt und bitter wird.

Völkerwanderungszeit

ca. 4. – 6. Jh. n. Chr.

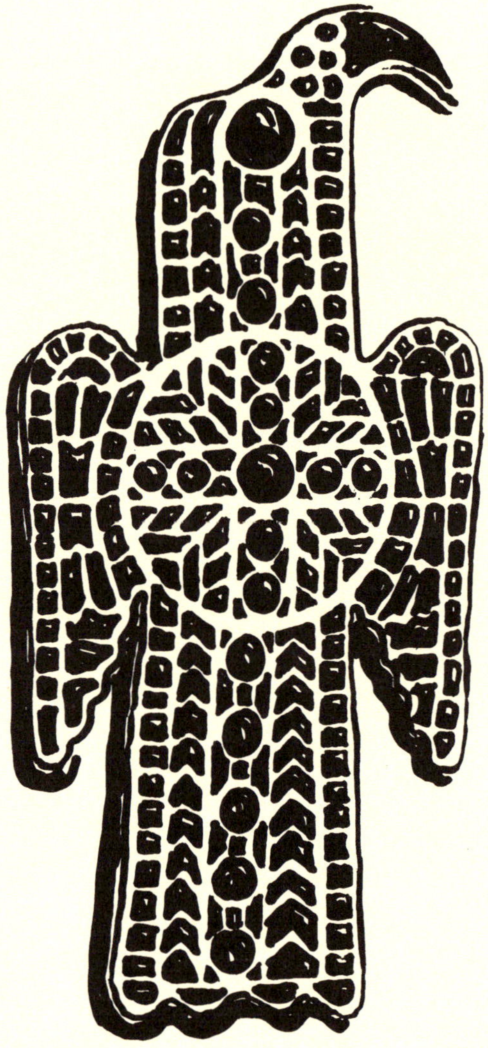

Der Begriff Völkerwanderungszeit wird in der modernen Geschichtsforschung sehr kontrovers diskutiert. Streitpunkte sind u. a. die Ursache(n) dieser europaweiten Migrationsbewegung und die Frage, ob sich tatsächlich komplette Volksstämme oder nur einzelne Kriegerverbände verschiedener Ethnien auf der Suche nach Beute oder zwecks Landnahme auf „Wanderschaft" begeben haben. Wissenschaftlicher Konsens besteht zumindest hinsichtlich der zeitlichen Einordnung in das 4.–6. Jh. n. Chr., also den Übergang von der Spätantike zum Frühmittelalter.

Als Auslöser für die „Völkerwanderung" könnten mehrere, fast zeitgleiche Ereignisse eine Rolle gespielt haben.

Erstens: Verschlechterung des Klimas in Teilen Zentralasiens und damit verbundene Nahrungsengpässe, als Folge davon Angriffe der Hunnen auf Westasien, Osteuropa und das Römische Reich, teilweise Vertreibung der dort ansässigen Bevölkerung, die nun ihrerseits auf der Suche nach neuem Siedlungsraum in römisches Kernland vorstieß.

Zweitens: Zerfall des (west)römischen Reiches. Die mit den Römern verbündeten germanischen Stämme und Söldner waren zunächst führungslos, versuchten sich nach römischem Vorbild neu zu organisieren und eigene Reiche zu gründen.

Insgesamt ist die geopolitische Situation dieser Epoche als sehr komplex und unübersichtlich zu bezeichnen. In vielen Regionen kam es häufig und innerhalb kurzer Zeit zu Wechseln der Machtverhältnisse, zu unterschiedlichen Bündnissen und Regentschaften. Selbst die historischen Schriftquellen gelten bei vielen heutigen Geschichtsforschern als nicht besonders zuverlässig; als gesichert angesehen werden kann auf jeden Fall die Beteiligung an der Völkerwanderung von Stämmen der Goten, Vandalen und Langobarden. Davon zeugen auch archäologische Funde, besonders für die jeweiligen Kulturen charakteristische Grabbeigaben in Form von Trachtbestandteilen wie Schmuck oder Waffen. Dies stützt die These, dass es einigen Volksstämmen gelang, auf ehemals römischem Territorium zumindest kurzzeitig eigene Reiche zu etablieren.

Festzuhalten bleibt aus unserer Sicht, dass die Migrationsbewegungen der Völkerwanderungszeit maßgeblich zur Auflösung des römischen Imperiums beigetragen haben und somit viele zivilisatorische und technologische Errungenschaften für längere Zeit in Vergessenheit gerieten.

Mischbrot mit Emmer, Einkorn und Roggen

Zutaten:

- 200 g **Emmervollkornmehl**
- 200 g **Einkornvollkornmehl**
- 100 g **Roggenvollkornmehl**
- 100 g **Sauerteig**
- 1 EL **Salz**
- 0,2–0,4 l **Wasser** (lauwarm)

Zubereitung:

Alle Zutaten zu einem Teig mischen, dann in einer zugedeckten Schüssel für 8 Stunden warm stellen, anschließen kräftig durchkneten und zu einem runden Laib formen. Den Laib auf ein mit Backpapier belegtes Blech legen, mit einem Tuch abdecken und 2 Stunden an einem warmen Ort ruhen lassen, danach den Laib an der Oberfläche nach Wunsch mit einem Messer einschneiden und im vorgeheizten Ofen auf mittlerer Schiene bei 220 °C ca. 45–50 Minuten backen.

Vandalenbrötchen

Zutaten:

250 g **Roggenvollkornmehl**
250 g **Dinkelvollkornmehl**
150 g **Röstzwiebeln**
20 **große Knoblauchzehen** (fein gehackt)
42 g **Hefe** (1 Würfel Frischhefe)
100 g **Sauerteig**
1 EL **Salz**
0,2–0,4 l **Wasser** (lauwarm)

Der Verzehr dieser Brötchen kann zu Nebenwirkungen („Flatulenzen“) führen, die genau wie die namengebenden Vandalen oft unangenehm für die Nachbarn sein können.

Zubereitung:

Alle Zutaten mischen, zu einem homogenen Teig kneten, die Teigschüssel mit einem Deckel schließen und 1 Stunde warm lagern. Anschließend den Teig kräftig kneten, daraus 10 etwa gleich große Kugeln formen und für weitere 30 Minuten auf einem mit Backpapier ausgelegten Blech abgedeckt mit einem Tuch an einen warmen Platz stellen. Dann die Teiglinge an der Oberfläche mit einem Messer „stippen“ und im gut vorgeheizten Backofen auf mittlerer Schiene ca. 20–22 Minuten backen, bis die Oberfläche gut gebräunt ist.

Pfannenbrot mit Dinkel und Grünkern

Zutaten:

- 250 g **Dinkelvollkornmehl**
- 75 g **Grünkern** (geräuchert)
- 21 g **Hefe** (½ Würfel Frischhefe)
- ½ TL **Salz**
- 0,2–0,3 l **Wasser** (lauwarm)

Zubereitung:

Grünkern in einer Pfanne anrösten, danach abkühlen lassen. Das Mehl sieben, zusammen mit Grünkern, zerbröckelter Hefe, Salz und lauwarmem Wasser zu einem Teig kneten, mit einem Tuch abdecken und 30 Minuten an einem warmen Ort ruhen lassen. Danach nochmal kräftig durchkneten und zu Kugeln von etwa 5 cm Durchmesser formen, für weitere 30 Minuten abgedeckt warm lagern. Dann die Teigkugeln zu flachen, dünnen runden Fladen mit einem Durchmesser von 18–20 cm ausrollen, an der Oberfläche mehrfach einritzen oder einstechen und in einer heißen Pfanne 3–4 Minuten backen, dabei öfters wenden.

Gotenknoten mit Salbei und Mohn

Zutaten:

200 g **Weizenvollkornmehl**
100 g **Roggenvollkornmehl**
120 g **Salbei** (fein gehackt)
1 EL **Mohnsamen** (gemahlen)
80 g **Butter**
1 **Ei**
1 EL **Salz**
0,1–0,2 l **Wasser**

Zubereitung:

Mohn 24 Stunden in etwas warmem Wasser einweichen, mit den restlichen Zutaten mischen, zu einem homogenen Teig kneten und 2 Stunden kühl lagern. Dann nochmal kräftig durchwirken, in 4 etwa gleich große Stücke aufteilen, diese jeweils zu einer Kugel formen und dann auf einer bemehlten Arbeitsfläche zu langen, dünnen Strängen rollen. Danach die Teigstränge jeweils in der Mitte zu einer Öse zusammenlegen und zu den Enden hin verknoten. Auf ein mit Backpapier belegtes Blech legen, bei 200 °C im gut vorgeheizten Backofen auf mittlerer Schiene 15–20 Minuten backen.

Nibelungenringe

Zutaten:

- 300 g **Emmervollkornmehl**
- 200 g **Roggenvollkornmehl**
- 100 g **Haselnusskerne** (gehackt)
- 42 g **Hefe** (1 Würfel Frischhefe)
- 1 EL **Salz**
- 0,3–0,4 l **Wasser** (lauwarm)

Zubereitung:

Alle Zutaten zu einem Teig vermengen, kräftig durchkneten, die Teigschüssel mit einem Tuch abdecken und 1 Stunde warm lagern. Danach den Teig in 10 etwa gleich große Stücke portionieren, auf einer mit Mehl bestäubten Arbeitsfläche zu langen „Würstchen" ausrollen und daraus ringförmige Teiglinge formen, die sich an den Enden überlappen. Die Teiglinge auf ein mit Backpapier ausgelegtes Blech geben, mit einem Tuch bedecken und 30 Minuten zur Stückgare an einen warmen Ort stellen. Anschließend im vorgeheizten Ofen bei 220 °C auf mittlerer Schiene 18–20 Minuten backen.

Roggenfetzen mit Rosmarin

Zutaten:

300 g **Roggenvollkornmehl**
35 g **Rosmarin** (getrocknet)
0,2 l **obergäriges Bier** (lauwarm)
1 EL **Salz**

Zubereitung:

Aus allen Zutaten einen Teig bereiten, kräftig durchkneten, ca. 2–3 Stunden warm lagern, danach nochmal kneten, zu einer Rolle formen und davon Stücke in der Größe einer 2-Euro-Münze abreißen, diese auf ein mit Backpapier ausgelegtes Blech legen und im auf 200 °C vorgeheizten Backofen auf mittlerer Schiene ca. 20 Minuten backen.

Langobardische Olivenröllchen

Zutaten:

400 g **Weizenvollkornmehl**
170 g **Olivenpaste**
3 EL **Olivenöl**
21 g **Hefe** (½ Würfel Frischhefe)
1 TL **Salz**
0,25 l **Wasser** (lauwarm)

Zubereitung:

Alle Zutaten gut vermengen und so lange kneten, bis der Teig glatt ist und sich vom Schüsselrand löst. Den Teig danach 1 Stunde warm ruhen lassen, dann dünn ausrollen und in Streifen von ca. 10 cm Breite und ca. 20 cm Länge schneiden. Die Olivenpaste dünn aufstreichen, die Streifen aufrollen und auf ein mit Backpapier ausgelegtes Blech legen. Im auf 220 °C vorgeheizten Ofen auf mittlerer Schiene ca. 30 Minuten backen, bis die Oberfläche gebräunt ist.

Frühmittelalter

ca. 6. – 9. Jh. n. Chr.

In den ersten Jahrhunderten dieser Epoche lassen sich, abgesehen von regionalen Schwankungen, keine gravierenden Klimaveränderungen nachweisen. Im 8.–9. Jh. n. Chr. stiegen die Jahresmitteltemperaturen aber deutlich an, dadurch wurde es trockener. Diese Phase wird als „mittelalterliches Klimaoptimum“ bezeichnet. Gleichzeitig kam es in Europa aber auch oft zu Überschwemmungen durch Sturmfluten, welche die Bewohner küstennaher Gebiete, vor allem an der Nordsee, zwangen, ihre Höfe auf künstlich erhöhten Wohnhügeln, den sogenannten Wurten anzulegen, die z. T. heute noch existieren. Neben Einzelhöfen gab es vor allem kleinere Weiler und Dörfer, an Knotenpunkten von Haupthandelswegen aber auch größere, stadtähnliche Ansiedlungen, die teilweise befestigt waren und sich im Laufe der Zeit zu wirtschaftlichen und politischen Machtzentren entwickelten. Darüber hinaus kam es durch die fortschreitende Christianisierung vermehrt zur Gründung von Klöstern.

Die wohl bekanntesten europäischen Volksstämme dieser Zeit sind Wikinger, Franken und Slawen. Ihre Hauptlebensgrundlage war die Landwirtschaft, ergänzt durch handwerkliche Produktion, sowohl für den Eigenbedarf als auch für den Handel. Begehrte Handelsgüter waren z. B. hochwertige Keramik- und Glasgefäße sowie Schwerter und Wein aus dem fränkischen Reich, Felle und Speckstein aus Skandinavien oder Bernstein aus dem Baltikum.

Das frühmittelalterliche, insbesondere das fränkische Agrarsystem war durch eine klare Trennung von Ackerflächen, Grünland, Heide und Wäldern geprägt, wobei die meisten Waldgebiete nur zur Holzgewinnung und zur Jagd genutzt wurden, Letztere in der Regel ein Privileg des nun klar definierten Adels. Ab Mitte des 8. Jh. n. Chr. setzte sich allmählich die sogenannte Dreifelderwirtschaft durch. Auf je einem Drittel der Fläche wurde dabei Sommer- bzw. Wintergetreide angebaut, die Restflächen wurden als Weide genutzt oder lagen brach und konnten sich somit für den wieder folgenden Anbau regenerieren. Die Fruchtfolge wurde den Bauern durch die Grundherren vorgeschrieben. Ein Beispiel hierfür ist die Landgüterverordnung „Capitulare de villis“, die Karl der Große erstellen ließ. Darin wurden Vorschriften zu Ackerbau und Viehzucht, Obst- und Weinbau, Fischzucht, Imkerei usw. aufgestellt, um eine Ertragssteigerung und die Vermeidung von Ernährungsengpässen zu gewährleisten.

Schriftliche Quellen bezeugen ab dem Ende des 8. Jh. n. Chr. verstärkte Seefahrten der „Nordmänner“ (Wikinger), die unter Ausnutzung der wärmeren Klimaverhältnisse u. a. Island und Grönland besiedelten, sich kurzzeitig sogar in Nordamerika (Neufundland) niederließen. Das fränkische Reich wurde mehrfach durch ihre kriegerischen Einfälle bedroht, ebenso Teile Großbritanniens, wo sie sogar über einen längeren Zeitraum bestehende Stützpunkte errichten konnten. Ihre hochseetauglichen, schnellen und wendigen Schiffe nutzten sie jedoch nicht nur, wie häufig angenommen, für Raubzüge, sondern auch zum Ausbau eines sehr effektiven Fernhandelsnetzes und zur Gründung der dazu erforderlichen Handelsniederlassungen. Ihre Handelsrouten erstreckten sich über Byzanz bis in das heutige Russland, nach Arabien und sogar bis Asien. Auf diesen Wegen wurden nicht nur bis dahin kaum bekannte oder völlig neue Waren importiert, sondern auch kulturelle Errungenschaften und Kenntnisse, die zur Bereicherung der frühmittelalterlichen Welt in Europa beitrugen.

Slawisches Gurkenbrot

Zutaten:

350 g **Dinkelvollkornmehl**
150 g **Roggenvollkornmehl**
250 g **Landgurken**
42 g **Hefe** (1 Würfel Frischhefe)
1 EL **Salz**
0,3–0,4 l **Wasser** (lauwarm)
Butterschmalz (Menge nach Bedarf)

Zubereitung:

Gurken in kleine Würfel schneiden, mit zerbröckelter Hefe und den restlichen Zutaten (außer Butterschmalz) mischen und zu einem glatten Teig kneten. Den Teig in einer zugedeckten Schüssel 1 Stunde an einem warmen Ort gehen lassen, danach kräftig durchkneten und zu 2 Laiben formen, mit einem Tuch bedecken und für 30 Minuten warm stellen. Danach die Laibe auf der Oberseite mit warmem Butterschmalz abstreichen und auf einem mit Backpapier ausgelegten Blech im auf 220 °C vorgeheizten Backofen auf mittlerer Schiene 45–50 Minuten backen.

Fränkisches Walnussbrot

Zutaten:

250 g **Weizenvollkornmehl**
250 g **Dinkelvollkornmehl**
120 g **Walnusskerne** (grob gehackt)
½ **Apfel** (gerieben)
42 g **Hefe** (1 Würfel Frischhefe)
1 EL **Salz**
0,3–0,4 l **Buttermilch** (lauwarm)
1 **Eigelb**

Zubereitung:

Lauwarme Buttermilch mit geriebenem Apfel und zerbröckelter Hefe mischen, Mehl, Walnusskerne und Salz dazugeben, alles zu einem geschmeidigen Teig kneten, dann diesen Teig mit einem Tuch abgedeckt ca. 2 Stunden an einem warmen Ort ruhen lassen. Anschließend den Teig kräftig durchkneten, zu einem Laib formen, auf ein mit Backpapier ausgelegtes Blech legen und für ca. 30 Minuten warm lagern. Danach die Oberfläche des Brotlaibes mit Eigelb bestreichen, nach Wunsch mit einem Messer einstechen oder einritzen. Bei 220 °C im vorgeheizten Backofen auf mittlerer Schiene ca. 40–50 Minuten backen.

Slawisches Kümmelbrot

Zutaten:

400 g **Roggenvollkornmehl**
100 g **Dinkelvollkornmehl**
1–2 EL **Kümmel** (davon 1 TL zum Abstreuen)
1 TL **Apfelessig**
42 g **Hefe** (1 Würfel Frischhefe, zerbröselt)
100 g **Sauerteig**
1 EL **Salz**
0,2–0,4 l **Wasser**

Zubereitung:

Alle Zutaten in einer Schüssel zu einem glatten Teig kneten, die Schüssel mit einem Tuch abdecken und für 5–6 Stunden warm stellen, danach den Teig kräftig durchkneten und zu einem langovalen Laib formen. Den Laib auf ein mit Backpapier ausgelegtes Blech legen und für ca. 30 Minuten an einen warmen Ort stellen. Dann die Laiboberfläche mit lauwarmem Wasser einstreichen und mit 1 TL Kümmel abstreuen. Im gut vorgeheizten Backofen auf mittlerer Schiene bei 220 °C ca. 40–50 Minuten backen.

Wikinger Pfannenbrot mit geröstetem Hafer

Zutaten:

250 g	**Roggenvollkornmehl**
50 g	**Haferkörner**
2 TL	**Salz**
0,2 l	**Wasser** (lauwarm)

Zubereitung:

Haferkörner anrösten, abkühlen lassen und im Mörser zerstampfen. Aus Mehl, Salz, den Haferkörnern und lauwarmem Wasser einen Teig kneten. Den Teig in etwa 4 gleich große Portionen aufteilen, jeweils zu einer Kugel rollen, danach diese Teigkugeln zu runden Fladen formen und an der Oberseite mit einem Löffelstiel einstechen. In einer zuvor erhitzten Pfanne ohne Zugabe von Fett ausbacken, dabei öfters wenden. Die Fladen auf einem Rost gut abkühlen und 2–3 Tage an der Luft trocknen lassen.

Sachsenfinger mit Röstzwiebeln

Zutaten:

- 250 g **Weizenvollkornmehl**
- 100 g **Weizenschrot**
- 120 g **Röstzwiebeln**
- 1 EL **Salz**
- 0,3–0,4 l **Wasser** (lauwarm)

Zubereitung:

Alle Zutaten zu einem Teig vermengen, kräftig durchkneten und 2 Stunden abgedeckt an einen warmen Ort stellen, anschließend den Teig nochmal kneten und zu runden Stangen von ca. 3 cm Stärke und ca. 20 cm Länge formen. Die Teigstangen auf ein mit Backpapier belegtes Blech legen, im auf 220 °C vorgeheizten Ofen auf mittlerer Schiene ca. 25–30 Minuten ausbacken.

Wikingische Roggentaler mit Mandeln

Zutaten für 30 Stück:

200 g **Roggenvollkornmehl**
150 g **Butter**
1 **Eigelb**
50 g **gemahlene Mandeln**
50 g **Honig**

Zubereitung:

Butter, Eigelb und Honig schaumig rühren, Mehl und Mandeln unterziehen, gut durchkneten und zu einer glatten Kugel formen. Die Teigkugel in Frischhaltefolie oder Pergamentpapier verpacken und für ca. 2 Stunden kalt stellen. Danach vom Teig etwa walnussgroße Stücke zunächst rund rollen, dann flachdrücken und auf einem Backblech auslegen. Im vorgeheizten Backofen bei 180 °C auf unterer Schiene ca. 20–25 Minuten backen.

Mittelalter

ca. 10. – 11. Jh. n. Chr.

Das „mittelalterliche Klimaoptimum" setzte sich fort, die mittleren Jahrestemperaturen lagen um mindestens 1 °C höher als heute. Dies begünstigte die Landwirtschaft in der Form, dass früher nur als Weideland nutzbare Flächen, wie die höheren Lagen der Mittelgebirge, nun auch „unter den Pflug" kamen. Durch massive Rodungs- und Kultivierungsmaßnahmen kam es zu einer selbst heute nicht wieder erreichten Ausdehnung von Ackerland. Durch diese deutlich verbesserte Versorgungslage steigerte sich die Bevölkerungsdichte um ein Mehrfaches.

Auf dem Land lebten viele Menschen als „Unfreie" unter meist (erb)ärmlichen Verhältnissen in kleinen Dörfern. Die schon seit dem Frühmittelalter bestehenden Adelssitze wurden zu immer stärker befestigten Burgen ausgebaut und mit den dazugehörenden Ländereien und Siedlungen vom jeweiligen Herrscher an seine Gefolgsleute, die Ritter, als Lehen vergeben. Immer strenger gliederte sich die hierarchische Gesellschaft in hörige und freie Bauern, niederen und höheren Adel sowie den Klerus, der infolge der Christianisierung massiv an Bedeutung und Macht gewonnen hatte. Die Mönche wussten ihren Einfluss sehr geschickt zu nutzen, indem sie ihre vorhandenen Klöster erweiterten und Neugründungen vorantrieben. Zu fast jedem Kloster gehörten eine Bibliothek und eine Schreibstube, in der alte, häufig sogar antike Schriftstücke und Bücher oft leider auch verfälschend kopiert und neue Gebetsbücher und Chroniken mit aufwendigen Illustrationen angefertigt wurden.

Hinzu kamen vielerorts Kloster- und Domschulen, häufig die Vorgänger späterer Universitäten. In den Klosterbetrieben wurden u. a. Heil- und Würzkräuter, Gemüse, Obst, Weinreben und Hopfen angebaut, Wein gekeltert, Bier gebraut und als Fastenspeise Geflügel (!), Fische und Krebse gezüchtet. Auf den Rittergütern betrieb man neben dem Anbau von Getreidearten wie Roggen, Gerste und Hirse vor allem Viehzucht und Milchwirtschaft. Die daraus bezogenen Erträge der Klöster und Landgüter dienten nicht ausschließlich der Selbstversorgung. Ein festgesetzter Teil musste an den kaiserlichen Hof geliefert werden, der Rest wurde auf Märkten verkauft.

Die mittelalterlichen Städte lagen, wie auch in früheren Epochen, in der Regel sehr verkehrsgünstig, also dort, wo sich Handelswege kreuzten, Flüsse zusammenflossen, eine Furt oder Brücke den Übergang ermöglichten oder wo geschützte Meeresbuchten einen natürlichen Hafen bildeten.

Der mittelalterliche Stadtkern bestand in der Regel aus einem zentralen Marktplatz, der Kirche, Verwaltungsgebäuden sowie Wohn- und Geschäftshäusern wohlhabender Bürger. Je nach topografischen Gegebenheiten gliederten sich rund um dieses Zentrum weitere Wohnhäuser, Geschäfte, Herbergen, Märkte und Handwerksbetriebe an, wobei man darauf achtete, geruchsintensive oder feuergefährliche Gewerbe wie Gerbereien oder Schmieden an den Stadtrand zu verlegen.

Die weiterhin vorherrschende Naturalwirtschaft kann die sich verändernden Handelsbedingungen nicht länger ausschließlich ermöglichen. Das Jahrhunderte zuvor von den Römern eingeführte Münzwesen gewinnt wieder an Bedeutung, die Geldwirtschaft hält zunehmend Einzug in die mittelalterliche Gesellschaft. Davon profitierten vor allem die Adeligen, in deren Einflussgebieten Bergbau auf Edelmetalle wie Silber betrieben wurde.

Roggenmischbrot mit Röstzwiebeln

Zutaten:

400 g **Roggenvollkornmehl**
100 g **Weizenvollkornmehl**
150 g **Röstzwiebeln**
150 g **Sauerteig**
1 EL **Salz**
0,2–0,3 l **Wasser** (lauwarm)

Zubereitung:

Alle Zutaten zu einem Teig kneten, die mit einem Tuch abgedeckte Teigschüssel für 6 Stunden warm lagern. Dann den Teig wieder kräftig durchkneten, zu einem Laib formen, in einen innen mit Mehl ausgestäubten Korb geben und 1 Stunde abgedeckt warm halten. Im gut vorgeheizten Backofen bei 220 °C auf mittlerer Schiene ca. 45–50 Minuten backen, darauf achten, dass die Kruste nicht zu stark bräunt!

Roggen-Dinkel-Brot mit Koriander

Zutaten:

300 g **Dinkelvollkornmehl**
200 g **Roggenvollkornmehl**
5 EL **Koriandersamen** (gemörsert)
42 **Hefe** (1 Würfel Frischhefe)
100 g **Sauerteig**
1 EL **Salz**
0,2–0,4 l **Wasser** (lauwarm)
1 **Ei**

Zubereitung:

Aus allen Zutaten einen glatten Teig mischen, für 6 Stunden in einer zugedeckten Schüssel warm stellen. Dann kräftig durchkneten, zu einem Laib formen, auf einem mit Backpapier ausgelegten Blech 30 Minuten unter einem Tuch an einem warmen Ort ruhen lassen.
Das Ei in einer kleinen Schüssel verquirlen und mit einem Backpinsel auf den Brotlaib aufbringen; bei 230 °C auf mittlerer Schiene ca. 35–40 Minuten backen.

Normannische Salzknüppel

Zutaten:

300 g **Gerstenvollkornmehl**
3 EL **grobkörniges Salz**
0,2 l **obergäriges Bier** (lauwarm)

Die Salzmenge kann nach Geschmack variiert werden; die von uns vorgeschlagene Menge ist schon recht hoch, also „durstfördernd". Besonders lecker schmecken die „Salzknüppel", wenn man sie in Kräuterquark tunkt.

Zubereitung:

Alle Zutaten zu einem Teig mischen, in einer abgedeckten Schüssel für 30 Minuten warm stellen, dann auf einer mit Mehl abgestreuten Arbeitsfläche sehr kräftig durchkneten und zu einem langen Teigstrang formen. Diese Teigrolle in 4 etwa gleich große Stücke aufteilen und jeweils zu ca. 30 cm langen, runden Teiglingen verarbeiten, auf ein mit Backpapier ausgelegtes Blech legen, mit einem Tuch abdecken und 10 Minuten an einem warmen Ort lagern. Anschließend im gut vorgeheizten Backofen auf mittlerer Schiene bei 220 °C ca. 25–30 Minuten backen.

Kümmelgebäck

Zutaten für ca. 60 Stück:

100 g **Roggenvollkornmehl**
100 g **Dinkelvollkornmehl**
4 TL **Kümmel**
150 g **Butter**
2 **Eigelb**
1 TL **Salz**

Zubereitung:

Butter und Eigelb schaumig aufschlagen, mit den restlichen Zutaten zu einem Teig kneten, diesen zu einer Kugel formen, in Frischhaltefolie oder Pergamentpapier einpacken und 2 Stunden im Kühlschrank lagern. Danach dünn ausrollen, mit einem Teigrädchen oder Messer in Rauten schneiden, auf einem mit Backpapier ausgelegten Blech im gut vorgeheizten Backofen auf mittlerer Schiene bei 180 °C ca. 20–25 Minuten backen.

Walnussplätzchen

Zutaten:

220 g	**Emmervollkornmehl**
80 g	**Walnusskerne** (gemahlen)
180 g	**Butter**
80 g	**Honig**
1 TL	**Salz**
2	**Eigelb**
	halbe Walnusskerne (Menge nach Bedarf)

Zubereitung:

Aus Mehl, gemahlenen Walnüssen, warmer Butter, Honig und Salz einen Teig kneten, zu runden Stangen von ca. 4–5 cm Dicke rollen, in Frischhaltefolie packen und mindestens 1 Stunde im Kühlschrank lagern. Danach die Teigstangen in Stücke von ca. 1 cm Stärke schneiden, auf ein mit Backpapier ausgelegtes Blech legen, die Oberseite mit verquirltem Eigelb bepinseln und pro Stück mit einer Walnusshälfte garnieren. Im gut vorgeheizten Backofen bei 175 °C auf mittlerer Schiene ca. 10–12 Minuten backen.

Möhrenkuchen

Zutaten:

225 g **Weizenvollkornmehl**
350 g **Möhren** (fein geraspelt)
250 g **Walnusskerne** (gemahlen)
200 g **Honig**
4 **Eier**
1 ½ TL **Pottasche** (gemörsert)

Wer keinen besonderen Wert auf Authentizität legt, kann auch eine moderne Springform verwenden.

Zubereitung:

Die Eier verquirlen, mit den restlichen Zutaten vermengen und zu einem Teig kneten. Eine rechteckige Auflaufform (Maße ca. 24 × 21 × 4 cm) mit Backpapier auslegen und den Teig hineinfüllen. Bei 180 °C auf mittlerer Schiene ca. 30–35 Minuten backen.

Hoch- und Spätmittelalter

ca. 12. – 15. Jh. n. Chr.

Klimatisch gesehen kam es in dieser Epoche regional zu ungünstigen Phasen, verbunden mit Überschwemmungen im Bereich großer Flüsse und Sturmfluten an der Nordseeküste. Durch das anhaltende Bevölkerungswachstum mussten immer neue Gebiete erschlossen werden. Weiterhin wurden vermehrt Wälder gerodet, Moore und Sümpfe entwässert oder Marschland durch Kanäle und Deiche trockengelegt. Die massiven Eingriffe in die Natur veränderten das Landschaftsbild beträchtlich; größere Waldbestände blieben fast nur im Bergland erhalten. Für die mühselige Landerschließung wurden den Rodungsbauern und Neusiedlern von den Grundherren als Lohn vorteilhaftere Besitzrechte und gelockerte Dienstpflichten gewährt, was zu Änderungen der starren Abhängigkeitsverhältnisse führte.

Ansonsten änderte sich auf dem Land im Siedlungswesen, in der Bauweise von Häusern oder der allgemeinen Lebensumstände nichts Wesentliches. Nach wie vor war ein Großteil der Landbevölkerung unfrei, also dem jeweiligen Grundherrn hörig, musste Frondienste sowie Abgaben, meist in Form von Naturalien leisten. Davon profitierten die Ritter, denen das Land gehörte und auf deren Gütern deutlich mehr Lebensmittel produziert wurden, als sie selbst verbrauchten. Zwar mussten auch sie Abgaben an ihren jeweiligen Herrscher zahlen und ihm im Fall kriegerischer Auseinandersetzungen oder bei Fehden als Kämpfer zur Verfügung stehen, doch sie vermehrten ihre Einnahmen durch Besteuerung und Schutzzölle, gängig waren ebenso Raub und Lösegelderpressung.

In der Blütezeit des Rittertums fanden mehrere letztlich erfolglose Kreuzzüge statt, zu denen die Päpste aufgerufen hatten, um das „Heilige Land" von den „Ungläubigen" zu befreien. Mittelbar in diesen Zusammenhang gehören auch die letzten Phasen der sogenannten Reconquista, also die Rückeroberung der über viele Jahrhunderte von den Arabern besetzten Iberischen Halbinsel.

Während des Hochmittelalters kam es zu einer enormen Ausdehnung bereits bestehender Städte und zu zahlreichen Neugründungen. Die Stadtbewohner ertrotzten sich das Recht, ihre Städte durch Befestigungsanlagen zu schützen und regelmäßig Markttage abzuhalten. Dieses Marktrecht war von großer Bedeutung, denn vor allem die Erlöse des städtischen Handels ermöglichten erst die Durchsetzung dieser Forderungen. Gleichzeitig schlossen sich in den Städten spezialisierte Handwerkszweige zu Zünften zusammen, die immer mehr Reichtum, Einfluss und dadurch politische Macht bekamen. Durch Städtebündnisse versuchte man, sich gegen die Ritter(vor)-herrschaft zur Wehr zu setzen. Hoch- und Spätmittelalter waren somit geprägt von ständigen kriegerischen Auseinandersetzungen, an deren Ende auch das des Rittertums stand. Die Verpanzerung ritterlichen Denkens und Aufrüstens war diesem ebenso förderlich wie der massive Einsatz von Langbogenschützen und gut organisierten Fußtruppen („Landsknechte"), die mit neuen Waffen zur Abwehr von Kavallerieattacken ausgerüstet waren. Überschätzt wird der Einsatz der damals noch längst nicht ausreichend entwickelten Feuerwaffen.

Ein weiterer Faktor, der die Struktur der damaligen Gesellschaft einschneidend veränderte, war die Pestepidemie in den Jahren von 1347 bis 1353, in deren Verlauf etwa ein Drittel der europäischen Bevölkerung dahingerafft wurde (geschätzte 25 Mio. Tote). Es dauerte lange, bis der Kontinent sich von diesem verheerenden Aderlass erholte.

Konstanzer Konzilspizza

Zutaten:

100 g **Emmervollkornmehl**
100 g **Weizenvollkornmehl**
20 g **Hefe** (½ Würfel Frischhefe)
1 TL **Salz**
0,1–0,2 l **Wasser** (lauwarm)
Olivenöl (Menge nach Bedarf)
1 **rote Zwiebel**
1/2 **Stange Lauch**
10 g **Rauke** (Rucola)
100 g **Kochschinken**

Zubereitung:

Aus den ersten fünf Zutaten einen glatten Teig kneten und zugedeckt für 45 Minuten warm stellen. Anschließend aus dem Teig 2 etwa gleich große Kugeln formen und diese auf einem mit Backpapier ausgelegten Blech zu ca. 1 cm dicken Ovalen ausrollen, auf der Oberfläche stippen und mit Olivenöl einpinseln. Dann mit in Scheiben bzw. Ringe geschnittenen Zwiebeln und Lauch, Kochschinkenwürfeln und zuvor mit Wasser befeuchteten Rucolablättern belegen, auf unterer Schiene im vorgeheizten Backofen bei 240 °C ca. 15 Minuten backen.

Während des Konzils zu Konstanz (1414–1418) tauchten ortsfremde, wohl aus Italien stammende Bäcker in der Stadt auf, die in fahrbaren Backöfen Brezeln, Pasteten und eine Art Pizza herstellten und zum Verkauf anboten.

Gersterbrot

Zutaten:

250 g **Roggenvollkornmehl**
250 g **Weizenvollkornmehl**
100 g **Sauerteig**
1 EL **Salz**
0,2–0,4 l **Wasser** (lauwarm)

Für die „Schlämme“:
1 TL **Weizenvollkornmehl**
1 TL **Kümmel** (gemörsert)
0,1 l **Wasser**

„Gerstern“ bedeutet, dass die Brotlaibe nach der Stückgare rundherum erhitzt oder abgeflämmt werden. Die dadurch entstehende dicke und harte Kruste sorgt für eine deutlich längere Haltbarkeit.

Zubereitung:

Roggen- und Weizenvollkornmehl, Sauerteig und Salz mischen, ca. 10 Minuten kräftig kneten, den Teig danach bei Zimmertemperatur (ca. 20 °C) in einer geschlossenen Schüssel 8 Stunden ruhen lassen. Dann nochmal durchkneten, zu einem ovalen Laib formen und mit einem Tuch bedeckt wiederum bei einer Temperatur von ca. 20 °C 2 Stunden lagern. Dann den Laib an der Oberfläche mehrfach einstechen, aus Mehl, Kümmel und Wasser eine „Schlämme“ anrühren und damit den Teigling einpinseln. Mit einem Gasbrenner (z. B. Lötlampe) den Brotlaib abflämmen, bis sich Bläschen bilden und eine Bräunung einsetzt. Im gut vorgeheizten Backofen auf einem Blech auf mittlerer Schiene bei 240 °C 10 Minuten anbacken, Temperatur auf 200 °C reduzieren und weitere 10 Minuten backen. Danach bei 150 °C 10 Minuten weiter backen, schließlich ohne Hitze noch 10 Minuten im Ofen ruhen lassen.

Roggenmischbrot mit Dörrpflaumen

Zutaten:

- 350 g **Roggenvollkornmehl**
- 100 g **Weizenvollkornmehl**
- 50 g **Dinkelvollkornmehl**
- 150 g **Dörrpflaumen**
- 42 g **Hefe** (1 Würfel Frischhefe)
- 150 g **Sauerteig**
- 1 EL **Salz**
- 0,2–0,4 l **Wasser** (lauwarm)

Zubereitung:

Trockenpflaumen in kleine Stücke schneiden, zusammen mit zerbröckelter Hefe und den restlichen Zutaten kräftig kneten, bis ein glatter Teig entsteht. Anschließend in einer geschlossenen Schüssel 1 Stunde warm lagern, dann den Teig nochmal kneten, zu einem Laib formen und in einem mit Mehl ausgestreuten Korb abgedeckt für 30 Minuten an einen warmen Ort stellen. Den Backofen auf 220 °C vorheizen, den Brotlaib auf ein zuvor mit Backpapier ausgelegtes Blech legen und auf mittlerer Schiene je nach gewünschtem Bräunungsgrad ca. 50–60 Minuten backen.

Süsse Emmerwecken mit Haselnüssen

Zutaten:

500 g **Emmervollkornmehl**
120 g **Haselnusskerne** (gehackt)
12 EL **Honig**
42 g **Hefe** (1 Würfel Frischhefe)
1 EL **Salz**
0,3–0,4 l **Wasser** (lauwarm)

Zubereitung:

Hefe zerbröckeln und mit allen anderen Zutaten zu einem glatten Teig kneten, in einer zugedeckten Schüssel für 1 Stunde an einem warmen Ort lagern. Dann 10 Teiglinge von etwa gleichem Gewicht zu Kugeln formen und für 30 Minuten zur Stückgare auf einem mit Backpapier belegten Blech abgedeckt mit einem Tuch warm stellen. Anschließend die Teigkugeln mit einem Messer über Kreuz an der Oberfläche einschneiden und im vorgeheizten Backofen auf mittlerer Schiene bei 220 °C ca. 20–22 Minuten backen.

Käsegebäck

Zutaten für ca. 60 Stück:

65 g **Roggenvollkornmehl**
65 g **Weizenvollkornmehl**
200 g **Butter**
200 g **Reibekäse** (Emmentaler)
1 **Ei**
2 **Eigelb** (zum Abstreichen)

Zubereitung:

Aus Mehl, Butter, Käse und Ei einen glatten Teig kneten, für 1–2 Stunden kühl stellen, danach dünn ausrollen und rautenförmig ausschneiden oder ausstechen, auf ein mit Backpapier ausgelegtes Blech legen und an der Oberfläche mit zuvor verquirltem Eigelb abstreichen. Im gut vorgeheizten Backofen auf mittlerer Schiene bei 200 °C ca. 12–15 Minuten backen.

Pastete mit Möhren und Pilzen

Zutaten für 4 Pasteten:

300 g **Dinkelvollkornmehl**
80 g **Butterschmalz**
1 **Ei**
1 **Eigelb**
2 TL **Salz**
0,1–0,2 l **Wasser**
Butter (Menge nach Bedarf)

Für die Füllung:

400 g **junge Möhren**
400 g **Mischpilze**
4 TL **Rosmarin** (fein gehackt)
2 TL **Kümmel** (fein gehackt)

Zubereitung:

Möhren und Pilze in dünne Scheiben schneiden, blanchieren, mit Rosmarin und Kümmel würzen und abkühlen lassen. Aus Mehl, Butterschmalz, Ei, Salz und Wasser einen glatten Teig kneten, für ca. 2 Stunden kühl lagern. 4 Pastetenformen (Durchmesser 11 cm) ausbuttern, den Teig dünn ausrollen und die Formen damit auslegen, überstehende Teigränder abschneiden. Füllmasse in die Pasteten geben, die Ränder mit Eigelb bestreichen. Teigreste erneut ausrollen, Deckel für die Pasteten ausschneiden, auf die Pasteten legen und mit Eigelb verstreichen, jeden Deckel in der Mitte mit einer Öffnung von ca. 1 cm versehen. Die gefüllten Formen auf mittlerer Schiene bei 200 °C ca. 20 Minuten backen, 5 Minuten abkühlen lassen und anschließend die Pasteten aus den Formen nehmen.

Gugelhupf mit Mandeln und Rosinen

Zutaten:

- 400 g **Weizenvollkornmehl**
- 60 g **Mandeln** (gehackt)
- 50 g **Rosinen**
- 75 g **Butter**
- 2 **Eier**
- 2 EL **Honig**
- 42 g **Hefe** (1 Würfel Frischhefe)
- 1 TL **Salz**
- 0,1–0,2 l **Wasser** (lauwarm)

Bereits aus römischer Zeit sind Backformen aus Keramik und Buntmetall überliefert, die typisch für Gugelhupf sind.

Zubereitung:

Alle Zutaten mischen, lange und kräftig durchkneten, dann für 45 Minuten warm stellen. Danach den Teig nochmals kräftig kneten, in eine innen mit etwas Butter gefettete Gugelhupfform (Durchmesser 22 cm) geben, die Form auf einen Rost auf die untere Schiene im Backofen stellen und bei 180 °C ca. 45 Minuten backen, anschließend 8–10 Minuten abkühlen lassen und dann auf ein Brett oder einen Gitterrost aus der Form stürzen.

Kleine Getreidekunde

Trotz „Ökoboom“ und mittlerweile etabliertem „grünem Gedankengut“ sind den meisten Menschen alte Getreidearten wie Einkorn und Emmer unbekannt. Viele glauben, dass Hafer nur in Flockenform als Bestandteil des morgendlichen Müslis vorkommt, allenfalls Pferdefreunde wissen, dass ihre Lieblinge Haferkörner zum Fressen gern haben. Aber Brot aus Hafer?

Der ebenfalls sehr lange in Vergessenheit geratene Dinkel hatte es da etwas einfacher, weil einige neuzeitliche Vollkornbäcker seine vorteilhaften Eigenschaften erkannten und Backwaren aus Dinkelmehl ihren Kunden schmackhaft machen konnten.

Die Wildformen vieler Getreidearten wie Emmer, Einkorn und Gerste stammen aus dem „Fruchtbaren Halbmond“, einem Gebiet im Vorderen Orient, das in der heutigen südöstlichen Türkei, Syrien, dem Irak, dem Iran, dem Libanon und Israel lag. Dank der dort damals vorherrschenden günstigen Klimaverhältnisse gelang es den jungsteinzeitlichen Menschen vor etwa 12.000 Jahren durch Auslesezüchtung wild wachsender Süßgräser (Poaceae), Getreide zu kultivieren. Dies war der Beginn des Ackerbaus und gleichzeitig ein wesentlicher Faktor der „Neolithischen Revolution“, die sich in den folgenden Jahrtausenden auf unterschiedlichen Wegen bis nach Mitteleuropa ausbreitete. Viehzucht und Ackerbau bildeten fortan die wichtigsten Ernährungsgrundlagen. Die frühen Bauern(kulturen) nutzten natürliche Mutationen und Kreuzungen verschiedener Pflanzenarten, um bessere Erträge, leichteren Anbau oder einfachere Ernte und Verarbeitung zu erreichen. Gleichzeitig orientierten sie sich bereits an Sternkonstellationen, Mondphasen und Sonnenständen, um günstige Aussaattermine zu bestimmen.

Ein wesentlicher Fortschritt war die Züchtung sogenannter freidreschender Getreidearten, z.B. Nacktweizen. Die Körner dieser Arten liegen nach dem Dreschen frei, müssen also nicht, wie bei Spelzgetreide, aufwendig durch einen zusätzlichen Arbeitsgang (Stampfen in Mörsern) von den anhaftenden Spelzen befreit werden. So entstand, gepaart mit kontinuierlicher Weiterentwicklung ackerbaulicher Gerätschaften und Verarbeitungsmethoden, ein Erfahrungs- und Wissensschatz, der einzigartig in der Menschheitsgeschichte ist.

Ergebnisse archäologischer, historischer und naturwissenschaftlicher Untersuchungen belegen, dass je nach Epoche und klimatischen Bedingungen regional unterschiedliche Getreidearten bevorzugt angebaut wurden. Als Beispiel nennen wir hier den Roggen, der ab dem Frühmittelalter in Mitteleuropa viele andere Getreidearten für lange Zeit teilweise verdrängte.

Seit den 1950er-Jahren wurden die Landwirtschaft und somit auch der Anbau von Getreide zunehmend industrialisiert. In hoch spezialisierten Getreideforschungsanstalten wurden und werden unzählige neue Sorten und Hybridarten gezüchtet, um die ständig steigenden Anforderungen der Bauern an das Saatgut, Vorstellungen des Bäckerhandwerks und die Wünsche der Endverbraucher zu befriedigen. Dies führte, vor allem in Deutschland, zu einer nie zuvor erreichten „Körnervielfalt“ und unterstützte auch einige aus heutiger Sicht fragwürdige Ernährungstrends.

Mittlerweile hat man sich (leider nicht überall) eines Besseren besonnen und erforscht, u.a. mittels Gentechnik, alte bewährte Getreidearten und -sorten, um z.B. den Einsatz von Pestiziden und Fungiziden zu reduzieren, künstliche Bewässerung zu vermeiden und den fortschreitenden Klimawandel zu berücksichtigen. Im Fokus der Forscher sind dabei auch die weiteren vielfältigen Verwendungsmöglichkeiten dieser Pflanzengattung: Seit alters her wurde Getreide nicht ausschließlich zur Zubereitung von Speisen wie Brei und anderen Gerichten oder Backwaren angebaut, sondern auch zur Herstellung alkoholischer Getränke wie Bier oder als Viehfutter. Dreschabfälle wie Spelzen und Grannen wurden als Magerungsmittel bei der Keramikherstellung genutzt, gehäckseltes Stroh zur Anreicherung des Lehms für Öfen und Fachwerkverputz. Je nach Getreideart verwendete man die Halme auch als Einstreu in Viehställen, zur Eindeckung von Dächern, als Isolierungs- und Dämmmaterial, für Strohmatten und -säcke, als Schlafunterlage, zum Anbinden von Weinreben oder zur Herstellung von Körben, insbesondere im Bereich der Imkerei für Bienenkörbe. Viele dieser Einsatzmöglichkeiten sind heute wieder gefragt und werden dementsprechend umgesetzt.

Im Folgenden haben wir „steckbriefartig“ 8 Getreidearten aufgeführt, die für unser Backbuch relevant sind. Die von uns beschriebenen Merkmale und Eigenschaften beziehen sich auf heute geläufige, mit modernen Methoden angebaute Sorten und sind deshalb nur bedingt mit den Urformen vergleichbar. In der Rubrik „Aufbereitung“ erklären wir, mit welchen Arbeitsgängen das Getreide nach der Ernte aufbereitet werden muss. Unter dem Stichwort „Inhaltsstoffe“ haben wir diejenigen aufgelistet, die unserer Meinung nach besonders wichtig sind. Die Rubrik „Verwendung“ soll zeigen, für welche Zwecke die jeweilige Getreideart früher verwendet wurde oder heute genutzt wird.

Zur besseren Unterscheidung der einzelnen Arten haben wir uns für monochrome Fotos entschieden, weisen aber ausdrücklich darauf hin, dass eine sichere Bestimmung nur mittels entsprechender Fachbücher möglich ist. Die Erforschung der Herkunft und Arten von Wildgetreide ist längst noch nicht abgeschlossen, immer wieder werden neue Unterarten und genetische Verwandtschaften entdeckt, die die Botaniker auch weiterhin beschäftigen werden.

Einkorn

(*Triticum monococcum*)

Aufbereitung: Nach dem Dreschen müssen die Körner von den fest anhaftenden Spelzen befreit werden, dazu verwendete man früher große Mörser und Stößel aus Holz. Anschließend wurde das Getreide geworfelt und gesiebt, erst dann konnte es gemahlen werden.
Inhaltsstoffe: Magnesium, Zink, Eisen, Stärke, Beta-Carotin.
Verwendung: Brei, Einlage für Suppen, Fladen, Brot, Kleingebäck, Kuchen und Nudeln.

Besonderheiten: Einkorn ist relativ anspruchslos hinsichtlich der Bodenqualität und resistent gegen viele Schädlinge wie Wurzelfäule oder Pilzbefall durch Mutterkorn. Neben Emmer ist Einkorn die älteste kultivierte Getreideart und konnte u.a. im Mageninhalt der berühmten kupferzeitlichen Gletschermumie „Ötzi" nachgewiesen werden.

Emmer *(Triticum dicoccum)*

Aufbereitung: Emmer gehört wie Einkorn und Dinkel zu den Spelzweizenarten, deshalb werden nach dem Dreschen die Körner entspelzt, dann gesäubert und zu Mehl oder als ganzes Korn weiterverarbeitet.
Inhaltsstoffe: viel Klebereiweiß, Carotinoide, Mineralstoffe wie Magnesium, Zink.
Verwendung: Brei, Suppen, Eintopfgerichte, Brot und andere Backwaren, Nudeln, Bratlinge, Bier. Das zähe Stroh wurde in Weinbauregionen zum Anbinden der Reben genutzt.

Besonderheiten: Emmer liefert auch auf trockenen und mageren Böden recht gute Erträge und ist gegen Frost und viele Getreideschädlinge resistent; in römischer Zeit wurde Emmer auch als „Weizen von Rom“ bezeichnet.

Weichweizen (*Triticum aestivum*)

Aufbereitung: Weichweizen ist „freidreschend", muss nach dem Drusch nur gesäubert werden, kann dann zu Mehl oder als volles Korn weiterverarbeitet werden.
Inhaltsstoffe: viel Gluten; Kalium, Magnesium, Calcium, Zink, Phosphor, Vitamine B und E.
Verwendung: Brei, Suppeneinlage, geschrotet für Aufläufe; Brot, Kuchen, Kekse. Die Körner als Malz für Weizenbier oder Kornbranntwein, z.B. Whisky. Das Stroh dient(e) auch zur Herstellung von Trinkhalmen, Hüten und zur Ummantelung von Korbflaschen.
Besonderheiten: frostresistent, bevorzugt kalkhaltige, nährstoffreiche und tiefgründige Böden. Aufgrund des hohen Gehaltes an Klebereiweiß (Gluten) hervorragend zur Herstellung von Brot geeignet und deshalb weltweit sehr begehrt.
Der mit ihm verwandte Hartweizen (Triticum durum) wird ausschließlich für Nudeln, Grieß, Couscous und Bulgur verwendet.

Gerste (*Hordeum vulgare*)

Aufbereitung: Gerste muss, wie z.B. Emmer und Einkorn nach dem Dreschen durch Mörsern o.ä. Arbeitsgänge entspelzt werden, um die Körner nutzbar zu machen.
Inhaltsstoffe: Kalium, Magnesium, Phosphor, Zink, Eisen.
Verwendung: als Brotgetreide meist gemischt mit anderen Getreidearten; Graupen, Grütze, Bier („Gerstenkaltschale") und Futtermittel.

Besonderheiten: Neben Emmer und Einkorn ist Gerste die älteste kultivierte Getreideart. In der Neuzeit wurde aus gerösteten Gerstenkörnern in Kombination mit anderen Zutaten, z.B. Zicchorienwurzeln ein koffeinfreier Malzkaffee („Muckefuck") hergestellt.

Dinkel (*Triticum spelta*)

Aufbereitung: Dinkel gehört wie Einkorn und Emmer zu den Spelzweizenarten, d.h., die Körner müssen nach dem Dreschen vor der Weiterverarbeitung z.B. zu Mehl entspelzt werden.
Inhaltsstoffe: Kalium, Phosphor, Magnesium, Silicium, Mangan, Vitamine B_1, B_2, B_3 und B_6, Vitamin E.
Verwendung: Brot, Gebäck, Brei, Teigwaren, Suppeneinlage; als Grünkern für Bratlinge.
Besonderheiten: in keltischer und römischer Zeit regional bevorzugt angebaut. Unreif geernteter Dinkel wurde auf speziellen, mit Holz befeuerten „Darren" getrocknet und geräuchert, dann als Grünkern verarbeitet oder vermarktet. In einigen Regionen wird heute auch „Dinkelkaffee" angeboten.

Roggen *(Secale cereale)*

Aufbereitung: Roggen ist „freidreschend“, die Körner müssen nur von Dreschabfällen befreit und gereinigt werden, können dann als Ganzes oder zu Schrot und Mehl weiterverarbeitet werden.
Inhaltsstoffe: Kalium, Magnesium, Phosphor, Vitamin B_3, Vitamin B_5 und Vitamin E.
Verwendung: als Roggenmischbrot, für Gebäck und als Tierfutter. Da Roggen kein Klebereiweiß enthält, kann Roggenmehl nur mit Sauerteig verarbeitet werden. Das Stroh wurde früher zur Dacheindeckung und zur Herstellung von Bienenkörben verwendet.
Besonderheiten: Roggen liefert auch auf leichten, sandigen Böden in kühlen und feuchten Regionen gute Erträge, viele Sorten sind allerdings sehr anfällig gegen den giftigen Mutterkornpilz (Claviceps purpurea). Die Pollen des Roggens sind hochgradig allergieauslösend.

Hafer (*Avena sativa*)

Aufbereitung: Hafer gehört zu den Spelzgetreiden, nach dem Dreschen müssen die Spelzen durch einen zusätzlichen Arbeitsgang entfernt und anschließend die Körner von Verunreinigungen gesäubert werden.
Inhaltsstoffe: Biotin, Zink, Eisen, Magnesium, Kalium, Silicium, Phosphor, Vitamine B_1 und B_6.
Verwendung: Haferflocken, Brei („Porridge"), Brot, Kekse, Viehfutter, Kleie, Gesundheitsprodukte.

Besonderheiten: relativ anspruchslos hinsichtlich der Standortverhältnisse, gegen viele Getreideschädlinge resistent. Hafer wurde schon in der mittelalterlichen Naturheilkunde eingesetzt, z. B. bei Magen-Darm-Beschwerden.

Rispenhirse *(Panicum miliaceum)*

Aufbereitung: Rispenhirse ist ein Spelzgetreide, die Körner müssen nach dem Dreschen von den Spelzen befreit, danach gesäubert werden.
Inhaltsstoffe: Silicium, Fluor, Eisen, Magnesium, Kalium, Vitamin B_6.
Verwendung: Brei, Grütze, Fladen, Mischbrot, Bier; Hirsestroh als Futter für Wiederkäuer.

Besonderheiten: geringe Standortansprüche, wenig anfällig für Schädlinge und Krankheiten. Hirse ist glutenfrei, eignet sich deshalb besonders für Menschen, die unter Zöliakie leiden, als verträgliche Alternative zu herkömmlichen Getreideprodukten.

Glossar bäckereitechnologischer Fachbegriffe

abstreichen: Oberfläche des Brotlaibes bzw. Teiglings vor dem Backen mit Flüssigkeit, z. B. Wasser, Eigelb, Honig o. ä. bestreichen.

Ansatz: Mischen und Vermengen der Zutaten für einen Teig oder Vorteig, auch zur Herstellung von Sauer- und Hefeteig.

Anstellgut: Mischung aus Mehl und Wasser zur Herstellung von Sauerteig.

ausschießen: Brot oder Backwaren aus dem Ofen holen.

Backmittel: unterschiedliche Substanzen, die dem Teig für Brot und andere Backwaren zugesetzt werden, um die Verarbeitung zu erleichtern. Typische Backmittel sind z. B. Hefe, Säuerungsmittel, Backpulver, Hirschhornsalz, Natron oder Pottasche.

Bäckerfahne: Stoffstück, das mit einer Schnur oder Kette an einem langen Holzstiel befestigt ist, der Lappen wird in Wasser getaucht und nach dem Ausräumen der Glut aus dem Ofen zum Säubern der Backfläche genutzt.

darren: thermische Aufbereitung von Getreidekörnern zur Konservierung oder Herstellung spezieller Produkte wie z. B. Grünkern.

dreschen: mechanischer Arbeitsgang nach der Ernte, um die Körner aus den Ähren zu lösen. Früher wurden dafür Dreschstöcke bzw. Dreschflegel aus Holz, in einigen Regionen auch sogenannte Dreschschlitten benutzt.

einschießen: Beschicken des Backofens mit Brot oder anderen Backwaren.

Einschießer: meist langstieliges, paddelförmiges Gerät, auch Backschaufel oder Backbrett genannt, früher aus Holz gefertigt. Dient zum Einbringen („einschießen“) und Herausholen („ausschießen“) von Brot und Backwaren in den bzw. aus dem Backofen.

einschneiden: Oberfläche des Backstücks vor dem Backen mit einem Messer einschneiden, um die Krustenbildung und/oder den späteren Querschnitt eines Brotlaibes zu beeinflussen.

entspelzen: Getreidekörner von den umgebenden Hüllen (Spelzen) befreien.

Feuerrechen: langstieliges Gerät zum Entfernen der Glut aus dem Backofen.

freidreschend: Getreidearten, deren Körner nicht von Spelzen ummantelt sind.

gerstern/gersteln: Vorgang, bei dem Teiglinge vor dem Backen an der Oberfläche mit einer offenen Flamme stark erhitzt werden, um die Teighaut zu verhärten und so das Entweichen flüchtiger Aromastoffe beim Backen zu verhindern. Früher wurden dazu die Teiglinge zwischen den Flammen des vorgeheizten Holzbackofens „gegerstert“, heute benutzt man dazu gasbetriebene Lötbrenner.

Gluten: Gluten besteht aus verschiedenen Eiweißen in bestimmten Getreidearten, besonders Weizen und Dinkel. Diese, auch Kleber oder Klebereiweiß genannten Stoffe sind sehr wichtig für die Backeigenschaften eines Mehls. Je höher der Kleberanteil ist, desto mehr Wasser bzw. Schüttflüssigkeit kann das Mehl binden, dadurch steigert sich die Teigausbeute, das Mehl eignet sich besser zum Backen. Manche Menschen leiden unter einer Glutenunverträglichkeit (Zöliakose) und können deshalb nur glutenfreie Backwaren und Lebensmittel verzehren.

Hefe: Backmittel zum Lockern und Treiben des Teigs. Hefen sind einzellige Pilze, die ihre Energie aus Zuckerstoffen gewinnen. „Wilde“ Hefen kommen fast überall in der Luft vor und siedeln sich deshalb auch sehr leicht in einem offen stehenden Teig an. Dadurch kam es wohl schon sehr früh zu einer nicht intentionellen Nutzung von Hefe.

Die heute verwendete Backhefe hat ihren Ursprung in der Bierhefe, wird industriell gezüchtet und gezielt zur Backwarenherstellung eingesetzt.

Kleber/Klebereiweiß: siehe Gluten.

Krume: durch Backmittel gelockertes, von der Kruste umgebenes Inneres eines Backstücks.

Kruste: feste, gebräunte und knusprige äußere Schicht von Backwaren.

Maillard-Reaktion: chemische Bräunungsreaktion, die durch Hitzeeinwirkung auf Lebensmittel wie z. B. Fleisch oder Brotteig entsteht. So erhalten eiweißreiche Backwaren beim Erhitzen im Backofen über die Maillard-Reaktion und dadurch erzeugte Melanoidine ein geschmacksintensives Aroma (Röststoffe) sowie eine gut gebräunte Kruste.

Mörser: großes, eimerförmiges Gefäß, meist aus Holz; in Kombination mit einem hölzernen Stößel geeignet zum Entspelzen.

Pottasche: wird als Triebmittel, ähnlich wie Backpulver, verwendet, besonders für flache Backwaren mit hohem Zuckergehalt, z. B. Lebkuchen. Pottasche (Kaliumcarbonat) wurde früher durch Auswaschung der in Holzasche vorhandenen Salze gewonnen und in Töpfen („Pötten") über Feuer zu Pulver eingedampft.

Sauerteig: wird als Trieb- und Säuerungsmittel eingesetzt, gibt Backwaren ein besonderes Aroma, beugt Schimmelbildung vor und hält Brot länger frisch. In einem Sauerteig entwickeln sich Milchsäure- und Essigsäurebakterien sowie Hefen, die Gärgase bilden und damit eine Lockerung und Volumenvergrößerung des Teigs verursachen. Reines Roggenmehl konnte früher nur mit Sauerteig verbacken werden, mittlerweile gibt es Roggensorten, die auch ohne Versäuerung backfähig sind.

Schrot: grob zerkleinerte Getreidekörner.

Schüttflüssigkeit: Flüssigkeiten wie z. B. Wasser, Milch, Wein oder Bier, die dem Mehl zugegeben werden, um einen Teig herzustellen.

Spelzen: feste Hüllblätter, die das Getreidekorn umschließen. Je nach Getreideart lösen sich die Spelzen beim Dreschen oder müssen durch einen zusätzlichen Arbeitsgang (schälen, mörsern) entfernt werden.

Spreu: Druschabfälle wie Spelzen, Halmreste, Ährenbruch oder Grannen.

stippen: Einstechen der Oberfläche von Teiglingen, um die Krustenbildung zu beeinflussen und überschüssige Gärgase entweichen zu lassen.

Stockgare: Ruhezeit des Teiges um zu reifen, Volumen und Aromen zu entwickeln.

Stückgare: Ruhezeit für Teiglinge, um Form und Volumen zu entwickeln.

Teigling: aus Teig geformtes Backstück, z.B. Brotlaib, Brötchen o.ä.

Teigruhe: siehe Stockgare.

Vollkornmehl: Vollkornmehl enthält alle Bestandteile des Getreidekorns, also Schale, Keimling und Mehlkörper. Der Ausmahlungsgrad beträgt 100 %, das Vollkornmehl wird nicht typisiert, entspräche aber einer Type 1700 bis 2000.

Wecken: Brötchen

worfeln: Trennen der Getreidekörner von Verunreinigungen, z.B. Spreu. Hierzu werden die Körner nach dem Dreschen aus einem flachen Korb oder einer sogenannten Schwinge gegen den Wind in die Luft geworfen, die schweren Körner fallen gerade nach unten, die leichten Dreschreste wie Hülsen werden vom Wind weggeweht.

Zöliakie/Sprue: chronische Entzündung der Dünndarmschleimhaut, führt zu Unverträglichkeit von Gluten.

Reisetipps

Für unsere Leser/-innen, die sich für die Kulturgeschichte des Brotes und der damit verbundenen Handwerke interessieren, haben wir die folgende Liste ausgewählter Museen und Ausflugsziele zusammengestellt. Auf die Angabe von Öffnungszeiten, Eintrittspreisen usw. haben wir bewusst verzichtet, da diese häufig geändert werden. Alle von uns genannten Angaben wurden sorgfältig recherchiert, sind aber ohne Gewähr. Auf die Inhalte der hier aufgeführten Internetlinks haben wir als Autoren dieses Buches keinen Einfluss. Für die Inhalte der entsprechenden Seiten ist stets der jeweilige Anbieter oder Betreiber der Seiten verantwortlich. Diese Seiten wurden zum Zeitpunkt der Werkserstellung auf mögliche Rechtsverstöße überprüft, solche waren nicht erkennbar. Autoren und Verlag haften entsprechend nicht für die Inhalte.

Deutschland:

- Europäisches Brotmuseum e.V.
  Göttinger Straße 7
  37136 Ebergötzen
  Tel.: 05507-99 94 98
  info@brotmuseum.de
  www.brotmuseum.de

- Museum der Brotkultur
  Salzstadelgasse 10
  89073 Ulm
  Tel.: 0731-69 955
  info@museum-brotkultur.de
  www.museum-brotkultur.de

- Westfälisches Brotmuseum
  Westfalen Culinarium
  Lange Straße 12
  33039 Nieheim
  Tel.: 05274-83 04
  info@westfalen-culinarium.de
  www.westfalen-culinarium.de

Österreich:

- Brotmuseum Kurkonditorei
  Josef-Haydn-Platz 5
  A – 7431 Bad Tatzmannsdorf
  Tel.: +43(0)3353-85 15
  office@gradwohl.info
  www.gradwohl.info/backmuseum/
  index.html

Schweiz:

- Maison du Blé et du Pain
  Place de l'Hôtel de Ville 5
  CH – 1040 Echallens
  Tel.: +41(0)21-88 15 071
  info@bonpain.ch
  www.maison-ble-pain.com

- St. Gallisch-Schweizerisches
  Konditorei-, Confiserie- u.
  Bäckereimuseum
  Reckplatzstrasse 21
  CH – 8717 Benken
  Tel.: +41(0)55-29 35 093
  info@baeckereimuseum.ch
  www.baeckereimuseum.ch

Frankreich:

- Maison du Pain d'Alsace
  Rue du Sel
  F – 67600 Selestat
  Tel.: +33(0)388-58 45 90
  contact@maisondupain.org
  www.maisondupain.org

Zu den Autoren

Achim Werner, geboren 30.05.1956 in Schalksmühle (Sauerland), studierte an den Universitäten Bochum und Köln die Fächer Ur- und Frühgeschichte, Klassische Archäologie, Geologie und Völkerkunde. Bereits zu Beginn der 1980er-Jahre beschäftigte er sich intensiv mit Fragestellungen der zu dieser Zeit im deutschsprachigen Raum noch relativ unbekannten Experimentellen Archäologie und publizierte seine Forschungsergebnisse in der Fachliteratur. Unterstützt von Prof. Jens Lüning und Prof. Gerhard Bosinski legte Achim Werner im Jahr 1985 am Institut für Ur- und Frühgeschichte Köln seine Magisterarbeit „Experimentelle Untersuchungen zur Rekonstruktion neolithischer Kuppelbacköfen" vor. Anschließend war er beim Rheinischen Amt für Bodendenkmalpflege tätig und konnte in der Außenstelle Hambach weitere experimental-archäologische Versuche durchführen, u. a. zu Herstellung und Brand von Keramik, prähistorischem Bronzeguss, Eisenverhüttung in Rennfeueröfen, römischen Brandbestattungen sowie Kleidung und Ausrüstung der kupferzeitlichen Gletschermumie „Ötzi".

Später setzte Achim Werner dann seinen Forschungsschwerpunkt im Bereich (prä)historische Ernährung und veröffentlichte unter dem Beinamen „5-Steine-Koch" zusammen mit seinem Freund und Co-Autor Jens Dummer mehrere archäologisch orientierte Kochbücher: „Keltische Kochbarkeiten" (2007), „Kochen durch die Epochen" (2010), „Steinzeit-Mahlzeit" (2013), „Kochschätze aus dem Kessel" (2015) und „Ahhh ... Giersch" (2016).

Anlässlich des 25-jährigen Fundjubiläums der weltweit bekannten Gletschermumie „Ötzi" haben Achim Werner und Jens Dummer das Buch „Kochen und Backen mit Ötzi" veröffentlicht. In der Sparte „Bestes innovatives Kochbuch Deutschland" wurde dieser Band mit dem 1. Preis des Gourmand World Cookbook Awards 2016 ausgezeichnet.

Jens Dummer, geboren 06.08.1958 in Hamburg, studierte Kunstgeschichte an der Universität Bonn, wechselte dann nach Düsseldorf an die Kunstakademie, wo er die Klassen „Typographie und Buchkunst" von Prof. Tünn Konerding und „Menschenzeichnen" bei Anatol Herzfeld besuchte, dessen privater Meisterschüler er 1983 wurde. Während dieser Zeit erhielt er den Umweltpreis der Stadt Düsseldorf für das Buch „Unsere/andere Landschaft", das er mit Fritz Wegeleben und Stefan Winkler veröffentlichte. Weitere von ihm gestaltete und illustrierte Bücher folgten. Von 1997 bis 2016 war Jens Dummer als Fachbereichsleiter Zeichnen an der Akademie für Bildende Künste NRW in Düren tätig.

Sein Interesse an Archäologie und die Freundschaft zu Achim Werner führten dazu, dass er diesen bei seinen Rekonstruktionsversuchen auf dem damals noch neuen Feld der Experimentellen Archäologie unterstützte und Zeichnungen zu Werners wissenschaftlichen Publikationen anfertigt.

Aus dieser Zusammenarbeit entstand mit den Jahren eine Reihe archäologisch-historisch orientierter Kochbücher, die inzwischen teilweise als Bestseller gelten und an deren Gestaltung, Illustration und fotografischem Arrangement Jens Dummer maßgeblich beteiligt war und in diesem Band als Co-Autor wieder ist.

Danksagung

Wir danken dem Eugen Ulmer Verlag Stuttgart, besonders Volker Hühn, für die Bereitschaft, dieses Buch zu realisieren sowie Lisa Seibel und ihrem Team für die gute Betreuung.

Ganz herzlich bedanken möchten wir uns bei Erika Werner (Schalksmühle), die uns, wie bei vorherigen Buchprojekten, nicht nur wieder finanziell, sondern auch mit Rat und Tat unterstützt hat.

David Eichler (Köln) verdanken wir die Nachbearbeitung der Fotos und die liebevolle Gestaltung und das Layout unseres Buches.

Weiterer herzlicher Dank geht an Dr. Johann Tinnes (PreRec Köln) und Wilfried Eckstein (Köln), die uns, wie bei den bisherigen Büchern, originalgetreue Replikate und Fotoaccessoires zur Verfügung gestellt haben. Wilfried Eckstein danken wir darüber hinaus für das Korrekturlesen der Haupttexte.

Für fachlichen Rat danken wir Dr. Karl- Josef Müller (Leiter Getreidezüchtungsforschung Darzau), Wilhelm Bruinjes (Leiter des Europäischen Brotmuseums Ebergötzen) und seinen Mitarbeiterinnen und Mitarbeitern, PD Dr. sc. agr. Friedrich Longin (Universität Hohenheim) und Dipl. oec. troph. Jana Haase (Institut für Getreide und Fettanalytik Detmold).

Bei Prof. Gunter Schöbel und Anne Friese (Pfahlbaumuseum Unteruhldingen) möchten wir uns gerne für Fotovorlagen bedanken.

Außerdem danken wir folgenden Personen für stets geduldig gewährte fachliche, technische und moralische Unterstützung:

Jürgen Weiner M.A. (Pulheim-Sinthern), Ruth Becker (Jülich), Johanna Dummer (Jülich), Peter Hennicken (Schophoven), Catherine Krahn (Jülich), Alexander Lesten (Jülich) und Eugen Schneemann (Jülich).

Letztlich möchten wir uns auch gerne bei allen, hier nicht namentlich aufgeführten „Cum-panen“ bedanken, mit denen wir genüsslich unser Brot geteilt haben.

Rezeptverzeichnis A–Z

Ausgewählte Literatur

Allen „Backanfängern“ empfehlen wir „DAS BROTBACKBUCH“ von Lutz Geißler (Stuttgart 2018) als hervorragende Einstiegslektüre!

ADAMECK, M.; BROOCKS, S.; JENSEN, A.; TILCH, V.: Versuche zum Brotbacken in der späten Bronzezeit. Zur Rekonstruktion des Backofens von Neu-Ulm. In: M. Fansa (Hrsg.): Experimentelle Archäologie in Deutschland, 131 ff., Oldenburg 1990.

ADRIAN, W.: So wurde Brot aus Halm und Glut. Getreideanbau, Getreideverarbeitung und Bäckerei der Vorzeit. Bielefeld 1959.

BENAC, A.: Obre II. A neolithic settlement of the Bulmir group at Gornje pole. In: Wissenschaftliche Mitteilungen des Bosnisch-Herzegowinischen Landesmuseums, A3, 1973.

BENZ, F.; LAUSTERER, P.; MÜHLHÄUSER, H.; ODENTHAL, A.; SCHEPERMANN, B.: Backwarenherstellung. Fachkunde für Bäcker. Hannover 1980.

BERGER, K.: Manna, Mehl und Sauerteig. Korn und Brot im Alltag der frühen Christen. Stuttgart 1993.

BILLER, T.; GROSSMANN, G.U.: Burg und Schloss. Der Adelssitz im deutschsprachigen Raum. Regensburg 2002.

BLANCHETTE, J.-F., BOILY, L.: The bread ovens of Quebec. Ottawa 1979.

BLÜMEL, F.; BOOG, W.: 5000 Jahre Backofen. Schriftenreihe des Deutschen Brotmuseums Ulm. Ulm 1977.

BOHM, W.: Die Vorgeschichte des Kreises Westprignitz. Leipzig 1937.

BRANDT, M.; GÄNZLE, M. (Hrsg.): Handbuch Sauerteig. Hamburg 2006.

BURKART, W.: Crestaulta. Eine bronzezeitliche Hügelsiedlung bei Surin im Lugnez. Monographien zur Ur- und Frühgeschichte der Schweiz 5. Basel 1946.

EISELEN, H. (Hrsg.): Brotkultur. Köln 1995.

EISELEN, H. (Hrsg.): Max Währen: Gesammelte Aufsätze und Studien zur Brot- und Gebäckkunde und -geschichte. Ulm 2000.

GAUES, J.; RUHL, T.: Brot. Köln 2016.

GEISLER, G.: Farbatlas landwirtschaftlicher Kulturpflanzen. Stuttgart 1991.

GEORGIEV, G. I.: Die neolithische Kultur in Cavdar und ihre Stellung im Balkanneolithikum. Actes du VIII Congrès International des Sciences Préhistorique et Protohistorique. Beograd 1971 (1973).

GRONENBORN, D.; PETRASCH, J. (Hrsg.): Die Neolithisierung Mitteleuropas – The Spread oft the Neolithic to Central Europe. RGZM-Tagungen Bd. 4, Mainz 2011.

GROSSMANN, G.U.: Burgen in Europa. Regensburg 2006.

HARTMANN, W.: Theorie und Praxis der Bäckerei. Berlin 1901.

HOLTMEYER-WILD, V.: Vorgeschichtliche Reibsteine aus der Umgebung von Mayen. Mainz 2000.

HORST, E.: Zedau. Eine jungbronze- und eisenzeitliche Siedlung in der Altmark. Schriften zur Ur- und Frühgeschichte 36. Berlin 1985.

JACOB, H. E.: Sechstausend Jahre Brot. Hopferau 1985.

JACOMET, S.; KREUZ, A.: Archäobotanik. Einführung in die Aufgaben, Methoden und Ergebnisse vegetations- und agrargeschichtlicher Forschung. Stuttgart 1999.

JEUNESSE, C.: Les premiers agriculteurs. Le Neolithique en Alsace. Straßburg 1993.

JUNKELMANN, M.: Panis Militaris. Die Ernährung des römischen Soldaten oder der Grundstoff der Macht. Mainz 1997.

KAUFMANN, D.; HEEGE, E.: Der linearbandkeramische Backofen von Eilsleben, Ldkr. Wanzleben: Der archäologische Befund und sein Nachbau im Experiment. In: M. Fansa (Hrsg.): Experimentelle Archäologie in Deutschland. Bilanz 1991, 185 ff., Oldenburg 1991.

KIMMIG, W.: Die Heuneburg an der oberen Donau. Stuttgart 1983.

KLÖCKLER, J.: Ulrich Richental: Chronik des Konzils zu Konstanz: 1414–1418. Stuttgart 2013.

KNÖRZER, K.-H. et al.: PflanzenSpuren. Archäobotanik im Rheinland: Agrarlandschaft und Nutzpflanzen im Wandel der Zeiten. Köln/Bonn 1999.

KÖRBER-GROHNE, U.: Nutzpflanzen in Deutschland. Kulturgeschichte und Biologie. Stuttgart 1987.

LORENZ-LADENER, C. (Hrsg.): Holzbacköfen im Garten. Freiburg 2015.

LOSSE, M.: Kleine Burgenkunde. Euskirchen 2011.

LÜCKE-DAVID, S.: Das Europäische Brotbackbuch. Detmold 2013.

LÜNING, J.: Steinzeitliche Bauern in Deutschland. Die Landwirtschaft im Neolithikum. Universitätsforschungen zur Prähistorischen Archäologie 58. Bonn 2000.

LÜNING, J.: Zwei bandkeramische Grubenöfen von der Aldenhovener Platte im Rheinland. Parerga Praehistorica. Universitätsforschungen zur Prähistorischen Archäologie 100, 11 ff., Bonn 2004.

LÜNING, J. (Hrsg.): Die Bandkeramiker. Erste Steinzeitbauern in Deutschland. Rahden/Westf. 2005.

MAURIZIO, A.: Getreide, Mehl, Brot. Berlin 1903.

MEISE, H.: So backt der Bauer sein Brot. Bielefeld 1959.

MIEDANER, T.; LONGIN, F.: Unterschätzte Getreidearten. Clenze 2012.

MINARD, P.; FOLCHER, F.: Des hommes fou, un chateau fort. Paris 2003.

MOHS, K.: Die Entwicklung des Backofens vom Back-Stein zum selbsttätigen Backofen. Stuttgart 1926.

MOLLENHAUER, H. P.: Das Grabmal des Eurysaces. Getreide, Mehl und Brot, Jg. 28, 1974, 74 ff., Bochum 1974.

NIKOLOV, V.: Das frühneolithische Haus von Sofia-Slatina. Germania 67, 1. Halbband. Frankfurt/Main 1989.

PÄFFGEN, B.: Küche und Keller – Produktion, Vorratshaltung und Konsum in römischer Antike und Frühmittelalter. Einleitende Bemerkungen zum Tagungsthema. In: J. Drauschke, R. Prien, A. Reis (Hrsg.): Küche und Keller in Antike und Frühmittelalter. Tagungsbeiträge der Arbeitsgemeinschaft Spätantike und Frühmittelalter. 7. Tagung Friedrichshafen 30. Mai–1. Juni 2012. Hamburg 2014.

PARET, O.: Das Steinzeitdorf Ehrenstein bei Ulm/Donau. Stuttgart 1955.

PETRASCH, J.: Alt- und mittelneolithische Grubenöfen aus Niederbayern. Archäologisches Korrespondenzblatt 16, 135 ff., Mainz 1986.

PETRASCH, J.: Typologie und Funktion neolithischer Öfen in Mittel- und Südosteuropa. Acta Praehistorica et Archaeologica 18, S. 33–83, Berlin 1986.

PFAFFINGER, M.; PLEYER, R.: Rekonstruktion eines linearbandkeramischen Backofens. In: M. Fansa (Hrsg.): Experimentelle Archäologie in Deutschland, 122 ff., Oldenburg 1990.

PFAFFINGER, M.: Zur Rekonstruktion eines linearbandkeramischen Grubenofens. Ein Langzeitversuch – Zwischenbericht. In: M. Fansa (Hrsg.): Experimentelle Archäologie in Deutschland. Bilanz 1996, 7 ff., Oldenburg 1997.

PFEIFFER, A. (Hrsg.): Vom Mammutfleisch bis zur Kartoffel. Frankfurt/Main 1992.

PRESSMAR, E.: Elchinger Kreuz, Ldkr. Neu-Ulm. Kataloge der Prähistorischen Staatssammlung 19. Kallmünz 1979.

PROBST, E.: Deutschland in der Steinzeit. München 1991.

PROBST, E.: Deutschland in der Bronzezeit. München 1996.

REINERTH, H.: Backöfen der jüngeren Steinzeit. Prähistorische Zeitschrift, Bd. 20, 1929.

RILEY-SMITH, J.: Die Kreuzzüge. Darmstadt 2016.

ROEMERMUSEUM AUGST (Hrsg.): Le pain romain. Augster Blaetter zur Roemerkunde. 4. August 1982.

SCHARL, S.: Neolithische Revolution – Was ist das? In: T. Otten et al. (Hrsg.): Neolithische Revolution, 40 ff., Bonn 2015.

SCHLICHTHERLE, H.; WAHLSTER, B.: Archäologie in Seen und Mooren. Den Pfahlbauten auf der Spur. Stuttgart 1986.

STOKAR, W. von: Die Urgeschichte des Hausbrotes. Ein Beitrag zur Entwicklungsgeschichte der Nahrung. Leipzig 1951.

RUDIN, P.M.: Wederather Keltenkringli – Versuche zu einer Rekonstruktion. Funde und Forschungen im Bezirk Trier 22, 18 ff., Trier 1990.

SCHILD, E.: Der junge Bäcker. Gießen 1970.

SCHMIDT, M.: Museumspädagogik ist keine Experimentelle Archäologie. In: M. Fansa (Hrsg.): Experimentelle Archäologie und Museumspädagogik, 81 ff., Oldenburg 2000.

SCHMIDT, R. R.: Die Burg Vucedol. Zagreb 1945.

SCHÜNEMANN, C. et al: Technologie der Backwarenherstellung. Alfeld/Leine 2016.

SCHYLE, D.: Die Entstehung des Neolithikums im Vorderen Orient. In: T. Otten et al. (Hrsg.): Revolution Jungsteinzeit, 46 ff., Bonn 2015.

SEEFELDER, M.: Opium. Eine Kulturgeschichte. Landsberg 1996.

SOUDSKY, B.: The neolithic site of Bylany. Antiquity XXXVI, 1962.

SOUDSKY, B.: Bylany. Prag 1966.

STOKAR, W. v.: Die Urgeschichte des Hausbrotes. Leipzig 1951.

THÜRY, G. E.; WALTER, J.: Condimenta. Gewürzpflanzen in Koch- und Backrezepten aus der römischen Antike. Herrsching 1999 (Hrsg.: M. KIEHN)

VÖSSING, K.: Das Königreich der Vandalen. Darmstadt 2014.

WÄHREN, M.: Brote und Getreidebrei von Twann aus dem 4. Jahrtausend vor Christus. Archäologie der Schweiz 2007, 2 ff., 1984.

WÄHREN, M.: Das Brot in der Bronzezeit und älteren vorrömischen Eisenzeit nördlich der Alpen unter besonderer Berücksichtigung von Brotfunden aus Kreisgrabenfriedhöfen des Münsterlandes. Ausgrabungen und Funde in Westfallen Lippe 5, 23 ff., 1987.

WÄHREN, M.: Die Urgeschichte des Brotes und Gebäcks in der Schweiz. Helvetia Archaeologica 25, 75 ff., 1994.

WÄHREN, M.: Haushaltskonserven der Jungsteinzeit. Helvetia Archaeologica 25, 90 ff., 1994.

WEINER, J.: Archäologische Experimente in Deutschland. Von den Anfängen bis zum Jahr 1989 – Ein Beitrag zur Geschichte der Experimentellen Archäologie in Deutschland. In: M. Fansa (Bearb.): Experimentelle Archäologie, Bilanz 1991, 50 ff., Oldenburg 1991.

WERNER, A.: Rekonstruktion eines jungsteinzeitlichen Kuppelbackofens. Archäologie im Rheinland 1987, 50 f., Köln/Bonn 1988.

WERNER, A.: Backversuche in einem rekonstruierten jungsteinzeitlichen Kuppelbackofen. Archäologie im Rheinland 1988, 29 ff., Köln/Bonn 1989.

WERNER, A.: Backöfen der Jungsteinzeit. Vom Ausgrabungsbefund bis zur originalgetreuen funktionstüchtigen Rekonstruktion. In: M. Fansa (Hrsg.): Experimentelle Archäologie in Deutschland, 126 ff., Oldenburg 1990.

WERNER, A.; DUMMER, J.: Kochen und Backen mit Ötzi. Rheinbach 2016.

ZIEHR, W.; BÜHRER, E.: Das Brot von der Steinzeit bis heute. Bauer, Müller, Bäcker. Herrsching-Luzern 1984.

ZÜRN, H.: Das jungsteinzeitliche Dorf Ehrenstein. Die Baugeschichte. Veröffentlichungen des Staatlichen Amtes für Denkmalpflege Stuttgart, A 10/1. Stuttgart 1965.

Abbildungsnachweis

S. 4: Originaltext Jens Dummer
S. 11: Pfahlbaumuseum Unteruhldingen
S. 14: rechts: Franz Lürken, Rhein. Amt f. Bodendenkmalpflege
S. 15: links: Franz Lürken, Rhein. Amt f. Bodendenkmalpflege
S. 172: David Eichler
S. 173: Eugen Schneemann

Alle anderen Fotos: Achim Werner

Bei den Rezeptfotos haben wir wie in unseren vorherigen Kochbüchern bewusst auf „Food-Styling“ verzichtet und umso mehr Wert darauf gelegt, durch Verwendung originalgetreuer Replikate und Accessoires ein optisch möglichst authentisches Ambiente zur Präsentation der Backresultate zu schaffen, und hoffen, unseren Leserinnen und Lesern damit Freude zu bereiten.

Zeichnungen: Jens Dummer, nach folgenden Motiven/Vorlagen:

S. 28: Keramikgefäß, sogenanntes Kumpf (Neolithikum, Original im Hessischen Landesmuseum Kassel)
S. 46: Himmelsscheibe von Nebra (Bronzezeit, Original im Landesmuseum Halle)
S. 60: Grabstele vom Glauberg (Keltisch, Original im Museum Keltenwelt am Glauberg)
S. 76: Reliefdarstellung eines Bäckers (Römisch, Grabmal des Eurysaces, Rom)
S. 94: Adlerfibel (Völkerwanderungszeit, Original im Germanischen Nationalmuseum Nürnberg)
S. 110: Wikingerschiff (Frühmittelalter, Originalzeichnung Jens Dummer)

S. 124: Schwert und Schild (Mittelalter, Originalzeichnung Jens Dummer)

S. 138: Fahrbarer Backofen beim Konstanzer Konzil (Spätmittelalter, Richental-Chronik)

Impressum

Die in diesem Buch enthaltenen Empfehlungen und Angaben sind von den Autoren mit größter Sorgfalt zusammengestellt und geprüft worden. Eine Garantie für die Richtigkeit der Angaben kann aber nicht gegeben werden. Autoren und Verlag übernehmen keine Haftung für Schäden und Unfälle. Bitte setzen Sie bei der Anwendung der in diesem Buch enthaltenen Empfehlungen Ihr persönliches Urteilsvermögen ein.
Der Verlag Eugen Ulmer ist nicht verantwortlich für die Inhalte der im Buch genannten Websites.

Bibliografische Information der Deutschen Nationalbibliothek
Die Deutsche Nationalbibliothek verzeichnet diese Publikation in der Deutschen Nationalbibliografie; detaillierte bibliografische Daten sind im Internet über http://dnb.d-nb.de abrufbar.

Wollgrasweg 41, 70599 Stuttgart (Hohenheim)
E-Mail: info@ulmer.de
Internet: www.ulmer.de
Lektorat: Claudia Boss-Teichmann, Lisa Seibel
Herstellung: Silke Reuter
Umschlag-Konzeption: Ruska, Martín, Associates GmbH, Berlin
Umschlag-Gestaltung: Atelier Reichert
Layout und Satz: David Eichler
Druck und Bindung: Firmengruppe APPL, aprinta Druck, Wemding
Printed in Germany

ISBN 978-3-8186-0560-5

HIER KÖNNEN SIE WEITERLESEN

Brotbackbuch Nr. 1.

Grundlagen und Rezepte für ursprüngliches Brot.
Lutz Geißler. 3., aktualisierte Auflage 2017.
280 Seiten, 118 Farbfotos, 114 Zeichnungen,
gebunden. ISBN 978-3-8001-0895-4.

Ursprüngliches Brot mit bestem Aroma und unvergleichlicher Qualität selber backen? Lutz Geißler, Deutschlands erfolgreichster Brot-Blogger, verrät das Geheimnis seiner Kunst. Im Infoteil des Buches erfahren Sie alles über die traditionelle Brotbackkunst mit langer Teigführung und sehr wenig Hefe, außerdem ausführliches Hintergrundwissen zu Zutaten, Zubehör, Grundbegriffen, Techniken zum Kneten und Formen, Faustregeln und zur praktischen Umsetzung im Alltag. Körnerbrot, Roggenbrot, Baguette und Brötchen: Hier finden Sie über 40 Rezepte für jeden Anspruch, für Einsteiger, Fortgeschrittene und Könner, die sich inspirieren lassen möchten.

URSPRÜNGLICHES BROT BACKEN UND GENIESSEN

Das Alltags-Brotbackbuch von Lutz Geißler und Björn Hollensteiner. Gemeinsam haben sie 25 Grundrezepte für Weizen-, Dinkel- und Roggenbrote entwickelt und jedes Rezept viermal variiert: mit Hefe oder Sauerteig sowie ganz einfach als No-knead-Teig oder mit Übernachtgare. In diesem Buch erfahren Sie darüber hinaus alle Grundlagen zu Zutaten, Gerätschaften und Handgriffen, zum Backen und richtigen Lagern der Brote.

Brotbackbuch Nr. 2. Alltagsrezepte und Tipps für naturbelassenes Brot. Lutz Geißler, Björn Hollensteiner. 2. Auflage 2018. 272 Seiten, 815 Farbfotos, gebunden. ISBN 978-3-8186-0118-8.

Erfahren Sie alles über die verschiedenen Mehle, ihre Herstellung und Verwendung, Eigenschaften und Besonderheiten beim Backen. Mit 70 exklusiv entwickelten Rezepten für Brot, Brötchen und Süßes mit Hefe und Sauerteig, größtenteils reine Vollkornversionen, u.a. mit Dinkel, Emmer, Einkorn, Kamut, Rotkornweizen, Gerste, Waldstaudenroggen und Lichtkornroggen.

Brotbackbuch Nr. 3. Backen mit Vollkorn und alten Getreidesorten. Lutz Geißler, Monika Drax. 2017. 352 Seiten, 269 Farbfotos, 26 Zeichnungen, gebunden. ISBN 978-3-8186-0006-8.

GUT DING WILL WEILE HABEN

Gutes Brot braucht Zeit.
Backen mit langer, kalter Teigführung und eigener Hefe. Martin Pöt Stoldt. 2017.
184 Seiten, 70 Farbfotos, Spiralbindung.
ISBN 978-3-8001-5653-5.

Martin Pöt Stoldt weiht Sie ein in die vergessene Kunst des natürlichen Backens. Erfahren Sie, wie Sie Ihre eigene Hefe herstellen und mit den verschiedenen Teigführungen (Hefevorteig, lange, kalte Teigführung und Hefe-Salz-Führung) erschaffen, woran es handelsüblichem Brot mangelt: volles Aroma, sagenhafte Krume und lange Haltbarkeit. Dieses Werk gibt Ihnen mit leicht verständlichen Schritt-für-Schritt-Anleitungen und über 50 Rezepten, von Dinkelkraftbrot über Vollkornfladen bis hin zu Nusshörnchen, einen einzigartigen Wissensschatz an die Hand.

GLUTENFREI BACKEN – ENDLICH VERSTÄNDLICH

Glutenfrei Brot und Kuchen backen – endlich verständlich.

Grundlagen, Techniken und Rezepte.

Martin Pöt Stoldt. 2018. 224 Seiten, 72 Farbfotos, Spiralbindung. ISBN 978-3-8186-0265-9.

Wer von einer Zöliakie, Glutensensitivität oder Weizenallergie betroffen ist, benötigt ein adäquates Nachschlagewerk, das Theorie und Praxis fundiert vermittelt. Brotexperte Martin Pöt Stoldt erklärt verständlich, wie Brot und Kuchen glutenfrei gelingen. Bekommen Sie im umfassenden Grundlagenteil ein Gefühl für Getreide und seine für Betroffene problematischen Inhaltsstoffe. Erfahren Sie außerdem alles über glutenfreie Mehle, Trieb- und Bindemittel und werden Sie mit ein wenig Geschick und der passenden Technik fit für den Rezeptteil: Es locken über 50 aromatische Brot-, Kuchen- und Gebäckkreationen – vom glutenfreien Landbrot über Buchweizenbrötchen bis zum Obstkuchen vom Blech.